핵심 질문

학생에게 이해의 문 열어주기

핵심 질문

학생에게 이해의 문 열어주기

제이 맥타이 · 그랜트 위긴스 지음

정혜승 · 이원미 옮김

사회평론아카데미

핵심 질문

학생에게 이해의 문 열어주기

2016년 12월 27일 초판 1쇄 펴냄
2024년 5월 31일 초판 11쇄 펴냄

지은이 제이 맥타이·그랜트 위긴스
옮긴이 정혜승·이원미

책임편집 정세민
편집 정용준
디자인 김진운
본문조판 토비트
마케팅 김현주

펴낸이 윤철호
펴낸곳 ㈜사회평론아카데미
등록번호 2013-000247(2013년 8월 23일)
전화 02-326-1545
팩스 02-326-1626
주소 03993 서울특별시 마포구 월드컵북로6길 56
이메일 academy@sapyoung.com
홈페이지 www.sapyoung.com

ISBN 979-11-85617-95-4 93370

* 일러두기
  1) 저자가 강조하기 위해 이탤릭체로 표기한 부분은 고딕체로 표시하였다.
  2) 본문에 언급된 책, 노래 가운데 국내에 번역되거나 소개된 것은 독자에게 친숙한 제목으로 번역하고 원어를 병기하였다.
  3) 각주는 대부분 한국 독자의 이해를 돕기 위해 옮긴이가 달아놓은 주석이며, 원서의 주석인 경우 [원주]라고 덧붙여 구분 지었다.

한국어판 서문

스마트폰을 이용하여 세상의 온갖 지식에 접근할 수 있다는 사실은 교육적인 차원에서 보았을 때 어떤 의미가 있을까요? 현대 교육에서 무엇이 우선순위가 되어야 할까요? 질문은 오늘날 교육에서 어떤 역할을 해야 할까요?

교실에서의 질문 사용에 대한 연구 결과, 수업 시간에 이뤄지는 대부분의 질문들은 사실상 교사 주도의 수렴적 질문이라는 사실이 밝혀졌습니다. 이러한 질문은 학생들로부터 '정확한' 답을 요구하며, 이와 같은 질문은 교육 목표가 학생들이 세부적인 내용을 알아야 할 때 적합합니다. 그러나 핵심적인 질문은 이와 다른 구조와 목적을 가지고 있습니다. 핵심적인 질문은 개방형 질문이며, 학문 간 및 학문 내의 중요한 개념 및 과정을 '파악'할 수 있도록 합니다. 핵심적인 질문의 취지는 탐구를 증진시키고, 사고력을 촉발시키며, 학생들이 '의미를 구성'할 수 있도록 돕는 데 있습니다.

이 책이 중점적으로 주장하는 바는 시험을 위한 사실 위주의 정보 습득을 초월하는 교육 목표를 설정해야 한다는 것입니다. 오늘날 교육은 학습자들이 정보를 '발견하고', '비판적으로 판단'하며, 새로운 문제와 기회에 '적용'할 수 있도록 준비시켜야 합니다. 보다 구체적으로 말하자면, 교과에 대한 주입식 학습은 정보가 넘쳐나고 급속도로 변화하는 세상에서 방향을 잡고 나아갈 수 있도록 학생들을 준비시키기에 미흡합니다. 학교는 학문 간 및 학문 내에 전이 가능한 개념 및 과정에 대한 이해를 도모할 수 있도록 교육과정과 수업 및 평가 체계를 '개혁'해야 합니다. 이와 같은 이해가 바탕이 되어야만 학생들은 교실 안에서뿐만 아니라 밖에서 자신들이 학습한 내용을 새로운 상황에 적용할 수 있을 것입니다. 이때 핵심적인 질문은 이해를 향한 길로 안내하는 역할을 합니다.

이 책은 핵심적인 질문의 특징을 탐구하며, 교실 수업에 핵심 질문을 포함시킬 수 있는 여러 가지 실질적인 조언들을 제시하고 있습니다.

2016년 11월

제이 맥타이(Jay McTighe)

옮긴이 서문

이　책은 제이 맥타이(Jay McTighe)와 그랜트 위긴스(Grant Wiggins)가 2013년에 출간한 『핵심 질문: 학생에게 이해의 문 열어주기(Essential Questions: Opening Doors to Student Understanding)』를 번역한 것이다. 맥타이와 위긴스는 미국의 교육 연구자이면서 실천가이다. 이들은 오랜 시간 공동 연구를 진행하면서 학교 교육과정을 개선하는 데 실질적으로 기여하는 많은 연구 성과를 내었다.

특히, 이들이 공저한 『이해 중심 교육과정(Understanding by Design)』은 미국만이 아니라 우리나라에도 큰 영향을 미치고 있다. 지식이 폭발적으로 증가하고 교육이 학생들의 핵심 역량을 길러주는 데 기여해야 한다는 사회적 요구에 직면하여, 2015 개정 교육과정은 아무 것이나 가르치지 않는다는 교육 내용 선정의 엄정성을 강조하면서 『이해 중심 교육과정』의 기본 관점과 이론을 수용하였다. 2015 개정 교육과정의 내용체계가 핵심 개념과 일반화된 지식 중심으로 구성된 것은 맥타이와 위긴스가 강조한 빅 아이디어와 그에 대한 깊은 이해를 반영한 것이라고 볼 수 있다.

그러나 개정된 교육과정이 본격적으로 적용되는 2017년을 목전에 둔 지금 교육 현장은 핵심 개념을 깊이 있게 이해하도록 지도하는 방법에 대해 확실한 대안을 가지고 있지 못하다. 교육부나 시도 교육청에서 2015 개정 교육과정에 대한 연수를 실시하고, 수업과 평가 방안을 개선하는 교재와 프로그램 등을 활발하게 개발·보급하고 있으나, 아직은 많은 교사들이 이에 대해 충분히 이해하고 실천할 구체적인 방안을 가지고 있지 않은 것으로 보인다.

이러한 상황에서 핵심 개념과 일반화된 지식을 강조하는 것은 자칫 결과로서의 지식을 학생들이 습득하도록 요구하는 수업을 강화할 수 있다. 핵심 개념과 일반화된 지식은 학생들이 '탐구'를 통하여 스스로 구성하고, 수정하고, 이해에 도달하였다는 것을 수행으로 보여야 한다. 하지만 이러한 방식의 수업을 실천하는 데 필요한 준비가 충분히 이루어지지 않는다면, 교사가 중요한 개념을 설명하고 학생들이 수동적으로 이해하는 식으로 수업이 진행될 가능성이 높다.

이 책은 이러한 문제를 해결하는 데 매우 본질적인 방안을 제시한다. 책의 부제가 암시하는 바와 같이, 핵심 질문을 통해 학생들에게 '이해의 문을 열어주자'는 것이다. 교육이 궁극적으로 학생의 탐구에 의해 이루어지며 교사가 학생이 탐구에 참여하고 몰입하고 의미 있는 지식 구성에 이르도록 안내하는 역할을 한다고 할 때, 질문은 교사가 학생이 탐구로 향하는 문을 열어주는 역할을 한다. 질문의 중요성이 다시 확인되는 지점이다.

그런데 여기서 주목해야 하는 것은 단지 질문이 아니라 '핵심 질문'이라는 점이다. 모든 질문이 학생이 이해에 이르도록 문을 열어주는 것은 아니라는 뜻이다. 실제 우리 수업에서 교사들은 이미 많은 질문을 하고 있다. 로버트 마르자노(Robert Marzano)와 줄리아 심스(Julia Simms)가 질문 관련 연구를 정리하면서[1] 언급한 것처럼, 질문이 부족해서 문제가 되는 것은 아니다. 문제는 질문

....

1 R. Marzano & J. Simms (2014), *Questioning Sequences in the Classroom*, Marzano Research Lab.

을 얼마나 많이 하는가가 아니라 어떤 질문을 하는가이다. 맥타이와 위긴스는 어떤 질문으로 '핵심 질문'을 제안하고 있다.

그렇다면 '핵심 질문은 무엇이며, 어떻게 사용할 것인가? 과연 핵심 질문 중심으로 수업이 가능할 것인가?'와 같은 질문이 자연스럽게 도출된다. 이에 대하여 저자들은 독자들이 제기할 수 있는 질문 7가지를 스스로 제기하고 질문별로 명확하고도 구체적인 답을 제시하고 있다.

1장은 '무엇이 핵심 질문을 만드는가?'라는 질문에 대하여 핵심적인 질문과 그렇지 않은 질문의 사례를 들어가며 핵심 질문의 성격을 답하는 것으로 구성된다. 저자들에 의하면 핵심 질문은 개방적이고, 지적으로 몰입하게 하며, 고차원적 사고를 요구하며, 다른 분야에까지 적용이 가능하고, 부가적인 질문을 도출하고, 정당한 근거와 지지를 요구하고, 시간이 지나도 반복되는 성격을 갖는다.

2장은 '왜 핵심 질문을 사용하는가?'란 근본적인 질문에 대한 답을 하고 있다. 핵심 질문은 탐구가 교육의 핵심 목표라는 사실을 암시하고, 학생들의 지적 호기심을 더욱 자극하며, 교사가 성취기준을 분명히 파악하고 이에 대한 우선순위를 정할 수 있도록 돕고, 학생이 수업의 방향을 명확하게 이해하도록 안내하며, 학생에게 초인지를 독려하고 모델을 제공하여 좋은 질문을 하는 방법을 알려주고, 학문 내 혹은 학문 간 연계의 기회를 제공하며, 학생 개개인의 차이를 고려한 수업을 할 수 있게 한다. 이러한 핵심 질문의 기능은 교육하는 사람들이 핵심 질문을 사용해야 하는 이유를 설명해준다.

3장은 '어떻게 핵심 질문을 설계하는가?'란 보다 구체적인 질문으로 시작한다. 1, 2장에서 논의한 핵심 질문의 의미와 기능을 기반으로 하여 3장에서는 핵심 질문을 만드는 과정과 방법을 안내하고 있다. 성취기준을 분석하고 분석한 성취기준으로부터 핵심 질문을 도출하는 방법과 학생들이 가지고 있을 오개념과 이해의 여섯 가지 측면(설명, 해석, 적용, 관점 전환, 공감, 자기 평가)을 고려하여 핵심 질문을 만드는 방법을 예를 들어 설명한다. 특히, 일반적으로 기능(skill) 학습은 핵심 질문과 관련이 적다는 사람들의 생각을 염두에 두고 주요 개념, 목적과 가치, 전략과 전술, 사용 맥락을 중심으로 핵심 질문을 만들 수 있음을 보여준다.

4장과 5장은 각기 '어떻게 핵심 질문을 활용하는가?'와 '어떻게 실행상의 문제와 특수한 사례를 해결하는가?'라는 질문에 대한 답을 한다. 이 두 질문은 핵심 질문을 구성한 이후 이를 수업에서 어떻게 활용하고, 그 과정에서 발생하는 문제에 어떻게 대처할 것인지에 대한 것으로, 저자들은 교과별로 그리고 문제 상황에 따라 구체적인 방안을 제시하고 있다. 특히, 5장은 다양하고 풍부한 현장 경험을 바탕으로 교사와 학생이 핵심 질문 중심 수업을 할 때 직면하는 문제를 해결하는 방법을 제안하고 있어 실질적인 도움을 받을 수 있다.

5장에서도 부분적으로 언급하였지만, 핵심 질문 중심의 수업을 할 때 교사들이 직면하는 가장 큰 문제는 학생들이 좀처럼 질문을 하지 않거나 질문이 활발한 탐구나 의미 있는 토론으로 이어지지 않는다는 것이다. 이는 결국 교실 문화의 문제로 귀결되는데, 저자들이 6장에서 '어떻게 교실 안에서 탐구하는 문화를 세울 것인가?'라는 질문을 제기하고 그에 답하는 이유이다. 맥타이와 위긴스는 탐구하는 교실 문화를 구성하는 요소를 본질적 학습 목표, 질문, 교사 및 학생의 역할, 분명한 규약과 행동 수칙, 심리적인 안전과 우호적인 환경, 공간과 물적 자원의 사용, 시간 사용, 텍스트를 포함한 학습 자료의 사용, 평가 실천 등 여덟 가지로 들면서 각 요소별로 탐구를 촉진하는 교실 문화를 만드는 구체적인 방법을 안내하고 있다.

7장은 '어떻게 교실 밖에서 핵심적인 질문을 사용하는가?'라는 질문을 제기하면서 탐구하는 문화를 확립하고 핵심 질문 중심의 수업을 하기 위한 교실 밖 제도적 기반과 관련된 제언을 한다. 교사와 관리자들이 함께 질문을 하고 숙의하기, 핵심 질문으로 교사학습공동체 운영하기 등의 구체적인 방안과 더불어 저자들은 교육자가 목적과 통찰력을 가지고 유익하지 않은 전통을 파악하고 탐구를 지원하는 체제로 이를 대체하는 노력을 지속할 것을 주문한다.

이 책은 내용 중 어느 하나 허투루 넘길 것이 없을 만큼 이론과 실천 양 측면에서 알차지만, 교육 연구자이자 교사 교육자로서 옮긴이는 이 책에서 다음 구절을 가장 '아프게' 기억한다.

> 오랜 경험 속에서 우리는 가치 있는 학교나 지역 교육청 수준의 개혁이 뿌리를 내리지 못하거나 고사되는 것을 지켜보았다. (중략) 새로운 계획을 '올해 나온 새로운 것'으로 치부하거나 '이 역시 곧 지나갈 것'이라는 태도로 일관하는 것을 우리는 얼마나 많이 보아왔는가? (p. 193)

"이 또한 지나가리라"라는 성경 구절을 인용하여 교육 개혁이나 교육과정 개정에 대한 미국 교사들의 태도를 묘사한 이 부분을 보면서 옮긴이는 잦은 교육과정 개정으로 지치고 피로한 우리의 모습을 떠올렸다. 유행처럼 교육 이론이 소비되고 교사와 학생의 요구와 무관하게 교육과정이 수시로 개정되는 현실에서 우리 또한 미국 교사들처럼 '이 또한 지나가리라'라는 마음을 가질 수밖에 없지 않은가 싶어 안타까운 마음을 금할 수 없다.

그러나 이러한 상황에서도 우리 교육자들이 놓치지 말아야 할 것은 학생이 탐구를 통하여 깊은 이해에 이르게 하는 교육의 본질적 기능이다. 학생이 학습의 주체로서 탐구하며 성장하게 하는 교육 본연의 목적을 지향하는 교사의 실천은 '이 또한 지나가도록' 해서는 아니 될 것이다. 이 책은 바로 교사가 교육 본연의 실천을 하는 데 변함없이 든든한 도구가 되는 '질문'의 핵심을 통찰하면서, 교사에게 능숙한 질문 사용자가 되는 데 필요한 실질적 자원을 제공한다. 이것이 이 책의 미덕이며, 독자들이 이 책을 주목해야 할 이유이다.

『핵심 질문: 학생에게 이해의 문 열어주기』는 사회평론아카데미의 질문 관련 교수학습 방법 번역총서 중 첫 번째 산물이다. 어려운 출판 상황에서도 질문의 중요성을 인식하면서 번역총서를 기획하고 출판해주신 사회평론의 윤철호 사장님과 고하영 선생님께 깊이 감사드린다. 이 책을 번역하는 과정에서 여러 어려움이 있었다. 언어적 차이는 물론이고 미국과의 교육 체제나 교실 문화 차이로 인하여 수정을 거듭하였지만, 아직도 번역이 매끄럽지 않은 곳이 간혹 눈에 뜨인다. 독자의 너그러운 이해를 구한다.

2016년 11월

정혜승

추천사

이 책은 첫 장부터 역동적으로 시작합니다. 저자인 제이 맥타이와 그랜트 위긴스는 교육에서 가장 중요한 문제에 바로 뛰어들어 우리에게 핵심 질문이 될 수 없는 것을 판단하는 훈련을 시킵니다. 이 두 사람은 우리에게 숙고할 것을 요구합니다. 이제 잠시 멈추어 우리가 하려는 질문을 깊이 생각하고 우리의 언어적 선택이 학생들에게 끼치는 영향을 고려해야 합니다. 우리는 이 책을 읽음으로써 즉시 활발한 탐구에 빠져들게 될 것입니다.

'질문'은 공자에서부터 아리스토텔레스, 데카르트에 이르기까지 수많은 스승이 제자를 자극하기 위해 이용한 가장 기본적이고 시대를 초월한 교육 전략임에 틀림없습니다. 지난 20년 동안, 핵심 질문은 이해 중심 교육과정과 같은 교육 모형의 큰 영향력 덕분에 학생에게 길을 제시하는 교육과정의 나침반으로 대두되어 왔습니다. 높은 수준의 핵심 질문에 대한 욕구는 어디에나 있는 일반적인 현상이지만, 좋은 의도와 핵심 질문을 제대로 만드는 능력 사이에 간극은 존재합니다. 교사의 효율성을 따지려 하고 성취기준의 일치를 강조하며 형성평가에 새로이 치중하는 이때, 이 책의 발간은 선견지명이라고 하지는 못하더라도 굉장히 시의적절하다고 볼 수 있습니다. 이 책은 현재 우리에게 꼭 필요한 것이기 때문입니다.

『핵심 질문: 학생에게 이해의 문 열어주기』는 질문을 구성하는 방법을 우리에게 알려주는 지침서일 뿐 아니라, 교육 관련 연구를 탈바꿈하는 흥미로운 저서입니다. 저자들의 교육학적 탐구는 전문 교육자들로 하여금 기존 관습을 점검하고 개선하게 함으로써 학령기 학생들에게 직접적인 도움을 줄 것입니다. 저자들은 '내용 따져 묻기', '잠정적 종결', '조직적인 질문 문화'와 같이 우리의 관심을 끌 만한 참신한 표현을 사용하여 독자의 관심을 사로잡습니다. 심화 연구를 통해 저자들은 핵심 질문 구성이 영향력 있고 전문화된 장르에 대한 연구로 이어진다는 개념을 확고히 하고 있습니다.

이 책의 저자들이 운동에 비유한 표현을 빈번하게 사용하고 있기 때문에 우리는 책을 읽는 동안 적극적인 코치에 의해 가르침을 받는다는 느낌을 갖게 됩니다. 『핵심 질문: 학생에게 이해의 문 열어주기』는 상당히 유용한 책으로서 핵심 질문을 이용해야 하는 타당한 근거와 핵심 질문의 유형에 대한 분명한 범위, 핵심 질문의 설계 과정, 효과적인 실행 전략, 특정 상황에 대한 고려 사항을 알려줍니다. 우리는 명확한 8단계 모형을 통해 질문 구성에 대한 조언을 얻고, 이러한 질문들을 직접 활용하며, 학생들의 반응을 고려할 수 있습니다. 교사와 교육 콘텐츠 개발자를 위해 적용하기 쉬운 기준을 제시하는 수많은 예가 알아보기 쉬운 표나 도표와 함께 제공되어 이 모형의 이해를 도와줍니다.

디지털 도구, 소셜 미디어, 세계의 연결로 학습을 현대화하는 것에 대해 염려하는 우리에게 중심이 되는 문제는 학생의 자기주도적인 탐구를 돕는 방법입니다. 이 책에서 학생의 자율성을 지지하는 장을 통해 나는 엄청난 것을 발견하게 되었습니다. 학습자와 상호작용할 때 핵심 질문을 어떻게 사용할 것인가에 대한 충고뿐만 아니라, 학생의 자립심을 독려하는 데 도움이 되는 사려 깊은 조언을 얻을 수 있다는 사실입니다. 학생의 자율성 구축에 대해 언급한 항목은 금세기에 대두된 교육 접근법을 지지하는 데 상당히 기여할 것입니다.

그러나 미국 전역과 세계 곳곳의 학교에서 수년에 걸쳐 경험을 쌓은 저자들은 이러한 것만으로는 핵심 질문이 탄생할 수 없다는 사실을 잘 알고 있습니다. 교육적 모험을 감수할지 혹은 수업의 취지가 이해될지의 여부는 각 교실 문화가 결정합니다. 이 책에서 이뤄지는 흥미로운 논의는 상호 존중과 관계에 기여하는 학습 환경을 조성하는 방법을 탐구하는 데 있습니다. 우리는 이 책을 통해 교실 내에서 협력적인 문화를 구축하는 방법에 대한 조언을 얻고 이와 같은 특징이 동일하게 교사진과 학교 조직에도 나타나도록 해야 한다는 신념을 갖고 있습니다. 사실 이 책의 저자들은 『거꾸로 생각하는 교육과정 개발(Schooling by Design)』에서 언급한 자신들의 연구를 핵심 질문을 활성화하기 위해 필요한 학습 문화 조건에 대한 고찰과 통합하고 있습니다. 그리고 그들은 고(故) 시어도어 시저(Theodore Sizer)가 주창했던 '핵심 학교(essential school)' 구축에 필요한 전문가 간 정중한 대담의 가치를 재탄생시키고 확대하였습니다.

이 책은 공동 연구에 의해 탄생했고, 이에 대한 경의를 표하는 결과물입니다. 엄청난 연구 결과물과 모형을 제시함으로써 교육계로부터 찬사를 받는 저자들은 지적 연대감과 협력이 바탕이 된 생산성의 힘을 보여주고 있습니다. 수년간 이어진 저자들과의 친분은 나에게 큰 기쁨입니다. 나는 그들이 서로 나누었던 이메일, 전화 통화, 토론, 논쟁과 연구 결과 도출 과정에서 나온 통찰을 상상만 할 수 있을 뿐입니다. 그러나 분명한 사실은 이들이 협력자가 되어 끊임없이 탐구하며 이 책을 통해 한 목소리로 핵심 교수를 제공한다는 것입니다.

나는 유의어 사전 애플리케이션에 핵심이라는 단어를 입력하고 유의어를 찾아보았습니다. 정수(marrow)[1] 라는 단어가 '특정 생각이나 경험에서 가장 중

---

1 marrow는 '정수', '중심'이라는 뜻과 함께 '동료'라는 뜻도 있다.

요하고 기본이 되는 부분'이라는 정의와 함께 컴퓨터 화면에 떴습니다. 가장 훌륭한 교육과정과 학습의 생명력을 추구하는 교육자들에게 지금 우리 손에 있는 이 책은 대표적인 기본서가 될 것입니다.

'교육과정 21 프로젝트' 교육과정 디자이너

하이디 아예스 제이콥스
(Heidi Hayes Jacobs)

차례

1장

무엇이 핵심 질문을 만드는가

수업 시간에 사용되는 모든 질문이 유용한 역할을 하지만 대부분은
핵심 질문이 아니다. 중요한 생각과 절차를 '이해할 수 있기 위해'
지속적으로 탐구해야 하는 학생의 입장에서 보면 그렇다.

교사는 학생들에게 자주 질문을 던지지만 질문의 목적과 형태는 매우 다양할 수 있다. 이 책은 특별한 종류의 질문을 다룬다. 바로 '핵심(적인) 질문(Essential Questions: EQs)'이다. 그렇다면 질문을 '핵심적'으로 만드는 요소는 무엇일까? 아래의 개념 획득 활동을 통해 핵심 질문의 특징을 분석해보자. 개념 획득 활동은 세 부분으로 구성되며, 이어지는 여러 단락에서 확인할 수 있다.

첫째, 다음에 제시된 질문들을 살펴보고 '핵심적인'이라는 이름이 붙은 질문과 '핵심적이지 않은'이라는 이름이 붙은 질문에는 어떤 차이가 있는지 확인해보라. 핵심 질문은 어떤 공통점을 가지고 있는가? 핵심적이지 않은 질문과는 어떤 점이 다른가?

핵심적인 질문	핵심적이지 않은 질문
• 예술은 어떻게 형성되고 어떻게 문화를 반영하는가?	• 잉카와 마야 문명에서 공통적으로 사용된 예술적 상징은 무엇인가?

- 효과적으로 문제를 해결하는 사람은 난관에 부딪혔을 때 어떻게 행동하는가?
- 과학적 근거는 얼마나 강한 힘을 가지는가?
- '정당한' 전쟁이 존재할까?
- 보다 원어민처럼 말하기 위하여 나는 어떻게 소리를 낼 수 있을까?
- 진정한 친구는 누구인가?

- 답을 얻기 위해 여러분은 어떤 단계를 거쳤는가?
- 과학적 탐구에서 변인은 무엇인가?
- 어떤 주요 사건이 1차 세계대전을 촉발하였는가?
- 스페인어에서 자주 쓰이는 구어적 표현은 무엇인가?
- 이 이야기에서 매기와 제일 친한 친구는 누구인가?

둘째, 과목별로 정리한 다음의 추가 예시를 보며 생각을 정리하고 핵심 질문의 특징을 명확하게 파악해보라.

역사와 사회 과목의 핵심 질문
- 이것은 누구의 '이야기'인가?
- 우리는 과거에 실제로 일어났던 일을 어떻게 알 수 있는가?
- 정부는 개인의 권리와 공익 사이에서 어떻게 균형을 맞춰야 하는가?
- _____(예: 이민, 언론의 표현)은 제한되거나 규제되어야 할까? 언제 그래야 하는가? 결정은 누가 하는가?
- 사람들은 왜 이주를 하는가?
- 왜 그것은 거기에 있는가? (지리)
- 싸울 만한 가치가 있는 것은 무엇인가?

수학 과목의 핵심 질문

- 언제 그리고 왜 우리는 계산하는가?

- 규칙이 있는가?

- 우리가 계산하는 것은 우리가 계산하는 방법에 어떻게 영향을 미치는가? 우리가 계산하는 방법은 우리가 계산하는(혹은 계산하지 않는) 것에 어떤 영향을 미치는가?

- 문제를 잘 해결하는 사람은 특히 난관에 봉착했을 때 어떻게 하는가?

- 이 해법은 얼마나 정확(정밀)해야 할까?

- 이 수학 모형과 일반적인 수학적 모형화의 한계는 무엇인가?

언어 과목의 핵심 질문

- 훌륭한 독자는 무엇을 하는가? 특히 글을 이해하지 못할 때는 어떠한가?

- 내가 읽고 있는 것은 그것을 읽는 방법에 어떤 영향을 미치는가?

- 나는 이 글을 왜 쓰는가? 누구를 위해 쓰는가?

- 유능한 작가는 어떻게 독자들의 관심을 끌고 유지하는가?

- 소설과 현실은 어떤 관계가 있는가?

- 다른 장소와 시대에 쓰인 이야기는 내게 무엇을 말해주는가?

과학 과목의 핵심 질문

- 무엇이 물체를 그러한 방식으로 운동하게 만드는가?

- 구조와 기능은 생명체와 어떤 연관이 있는가?

- 노화는 질병인가?

- 과학 이론은 왜, 어떻게 변화하는가?

- 우리가 직접 눈으로 볼 수 없는 것을 가장 잘 측정하려면 어떻게 해야 하는가?

- 우리는 어떤 과학적 주장을 믿을지 말지를 어떻게 결정하는가?

예술 과목의 핵심 질문

- 예술 작품은 문화나 사회에 관해 무엇을 말할 수 있는가?
- 무엇이 창의적 표현에 영향을 미치는가?
- 예술가는 관객에 어느 정도까지 책임이 있는가?
- 관객은 예술가에 대한 책임이 있는가?
- 심사숙고한 비평과 그렇지 않은 비평의 차이는 무엇인가?
- 연습이 완벽을 만든다면 무엇이 완벽한 연습을 만드는가?

외국어 과목의 핵심 질문

- 언어를 배울 때 머릿속은 어떻게 움직여야 하는가?
- (목표 언어의) 단어를 전혀 모를 때 나는 내 자신을 어떻게 표현할 수 있을까?
- 다른 언어를 말할 때 나는 무엇을 두려워하며 주저하는가? 이것을 어떻게 극복할 수 있을까?
- 원어민과 그 언어를 유창하게 사용하는 외국인은 어떤 점이 다른가? 어떻게 나는 좀 더 원어민처럼 말할 수 있는가?
- 언어를 능숙하게 사용하기 위해서 해당 문화를 이해하는 것이 어느 정도 요구되는가?
- 어떤 문화에 대해 고정관념을 형성하지 않으면서 그 문화를 탐구하고 표현하려면 어떻게 해야 할까?

핵심 질문과 그렇지 않은 질문을 비교하고 추가적인 예시를 살펴보면서 여러분은 어떤 점이 질문을 '핵심적'으로 만드는지에 관해 알게 되었을 것이다.

좋은 핵심 질문에는 일곱 가지의 결정적 특징이 있다.

1. 개방형이다. 즉, 하나의 최종적인 정답이 없다.
2. 사고를 촉발하고 지적으로 몰입하게 하며, 종종 토론과 논쟁을 유발한다.
3. 분석, 추론, 평가, 예측과 같은 고차원적인 사고를 요구한다. 단순 암기만으로 효과적인 답을 얻어낼 수 없다.
4. 한 과목 안에서(혹은 하나의 과목을 초월해) 중요하고 다른 분야까지 적용 가능한 생각을 유도한다.
5. 부가적인 질문을 제기하고 추가적인 탐구 활동을 촉발한다.
6. 단지 답만이 아니라 정당한 근거와 지지를 요구한다.
7. 시간이 지나면서 같은 질문이 되풀이된다. 핵심 질문은 거듭해서 반복될 수 있고 반복되어야 한다.

여러분이 생각한 정의와 비교하면 어떠한가?

위에 제시된 기준에 모두 혹은 대부분 부합하는 질문은 핵심 질문이라는 자격을 얻을 수 있다. 핵심 질문은 수업 한 번으로 최종적인 답을 얻어내거나 하나의 짧은 문장으로 설명할 수 없다. 이것이 요점이다. 핵심 질문의 목적은 단지 정확한 답을 요구하는 것이 아니라 사고를 활성화시키고, 탐구를 촉진하며, 사려 깊은 학생 질문을 포함한 보다 많은 질문을 촉발하는 것이다. 핵심 질문은 도발적이고 생산적이다. 이 같은 질문과 씨름하면서 학생들은 자칫하면 모호하게 덮일 뻔했던 화제에 대해 깊이 있고 풍요롭게 탐구할 수 있게 된다.

이제 개념 획득 활동의 세 번째 단계로 넘어가보자. 여러분이 정리한 특징과 우리가 제시한 특징을 이용했을 때 다음의 질문 중 어떤 것이 핵심 질문인가? 그 이유는 무엇인가?

질문	핵심적인가?
1. 헤이스팅스 전투(Battle of Hastings)가 벌어진 해는 몇 년도인가?	예/아니요
2. 유능한 작가는 어떻게 독자의 관심을 끌고 유지하는가?	예/아니요
3. 생물학적으로 타고난 것은 운명인가?	예/아니요
4. 의성어—어떤 의미가 있는가?	예/아니요
5. 환경에 적응하는 동물의 예로는 무엇이 있는가?	예/아니요
6. 연산의 한계는 무엇인가?	예/아니요

46쪽의 정답지를 이용하여 여러분의 답을 확인하라. 여러분의 답은 어떠한가? 무엇이 질문을 핵심적으로 만드는지에 대한 감이 잡혔는가? 그렇다면 좋다! 이제 좀 더 깊이 파고들어 가 핵심 질문의 의미를 밝혀볼 것이다.

1. 동전의 양면

우리는 앞서 핵심 질문이 학생의 사고와 탐구를 활성화시키는 특징이 있다는 점을 살펴보았다. 그러나 핵심 질문의 기능은 여기에 그치지 않는다. 우리는 '이해 중심 교육과정'(McTighe & Wiggins, 2004; Wiggins & McTighe, 2005, 2007, 2011, 2012)이라는 연구를 통해 교육은 중요한 개념과 과정에 대한 학생들의 이해를 발전시키고 심화시켜 배운 바를 학교 안팎에서 전이(transfer)할 수 있도록 해야 한다고 제안했다. 따라서 우리는 장기적인 전이 목표와 바람직한 이해 방식을 파악할 수 있도록 학습 내용(관련 목표)을 분석하기를 권장한다. 분석 과정에는 관련된 핵심 질문의 개발이 포함된다. 다시 말해 핵심 질문은 효과적으로 학습의 핵심 목표를 세우는 데 이용될 수 있다. 예를 들어, 내용 성취기준이 학생으로 하여금 정부의 삼권분립에 대해 학습하길 요구한다면, "정부가 권한을 남용할 때는 언제인가?" 혹은 "어떻게 우리는 정부의 권력 남용을 막을 수 있는가?"와 같은 질문을 통해 우리가 왜 정부의 권한을 점검하고 균형을 맞춰야 하는지, 헌법 입안자들이 이루려고 했던 것은 무엇인지, 권력 균형을 위해 이용되는 정부의 또 다른 접근법은 무엇인지에 관해 학생들의 생각을 활성화할 수 있을 것이다. 우리는 한 가지 정답에 익숙해지도록 자랐지만, 이 같은 질문의 답은 하나 이상이라는 점을 명심하라. 이런 의미에서 이러한 질문은 닫혀 있지 않고 여전히 열려 있다.

좋은 핵심 질문을 어떻게 제시할 수 있는지에 대해서는 이어지는 여러 장에서 더 알아볼 테지만, 우선은 간단한 사고 실험을 해보자. 여러분이 가르칠 내용이 '답'에 관한 것이라면, 이러한 답을 제시한 사람들은 어떤 질문을 던졌을까? 이러한 개념적 이동은 내용 성취기준과 중요한 질문이 갖는 연관성을 찾는 한편, 학생들이 내용을 진정으로 이해할 수 있는 사고 활동을 조성하는 데 도움을 주는 유용한 전략이 된다. 간단히 말해 전문 지식은 탐구, 주장, 의견의 차이에서 비롯한다. 최상의 질문은 우리가 학습자들이 이해했으면 하고 바라는, 획득하기 어려운 폭넓은 생각으로 이어진다. 우리는 교사로서 학생들이 이 같은 개념을 이해하기를 바란다. 그러므로 질문은 학생이 내용 안에 숨어 있는 주요 개념과 주제, 이론, 쟁점, 문제를 더 잘 보고 탐구할 수 있는 관문이나 렌즈 역할을 한다.

또한 학생들은 도발적인 질문을 활용하여 내용을 적극적으로 '따져 묻는(interrogating)' 과정을 통해 이해를 심화하고 강화할 수 있다. 예를 들어, "다른 장소와 시대에 쓰인 이야기는 나에게 무엇을 말해주는가?"와 같은 질문은 고전이 탐구했던 폭넓은 개념—어떤 특정 문화나 개성 밑에 깔려 있는 인간의 조건에 관한 보편적 주제—으로 학생을 인도하고 결과적으로 나름의 경험에 대한 통찰력을 얻도록 도움을 준다. 마찬가지로 "사람은 미래를 어느 정도까지 정확하게 예측할 수 있는가?"와 같은 질문은 변수, 예상 가능한 타당성, 확신의 정도, 상관관계 대 인과관계의 표본화와 같은 통계 및 과학에서의 폭넓은 개념으로 학생을 인도한다.

실습 단계에서는 목표로 하는 이해와 핵심 질문을 동전의 양면이라고 생각하라. 우리의 핵심 질문은 이해할 만한 가치가 있는 중요하고 전이 가능한 생각을 가리키는 동시에 이 같은 생각을 탐구하는 도구가 된다. 이들 관계는 '이해 중심 교육과정'의 단원 계획 템플릿에서 그림으로 확인할 수 있다. 여기에서 목표로 하는 이해는 이에 수반되는 핵심 질문의 옆에 위치한다. 그 예는 다음과 같다.

이해	핵심 질문
• 어떤 지역의 지리, 기후, 천연 자원은 그곳에 사는 사람들의 경제와 생활양식에 영향을 미친다.	• 여러분이 사는 곳은 여러분이 사는 방식에 어떻게 영향을 미치는가?
• 통계적 분석과 자료는 종종 규칙을 보여준다. 규칙은 예측을 가능하게 한다.	• 다음에는 어떤 일이 생길까? 어떻게 확신할 수 있는가?
• 사람들은 나이, 활동 수준, 몸무게, 다양한 건강 상태에 따라 필요로 하는 음식이 다르다.	• 누군가에겐 '건강한' 음식이 다른 누군가에게 건강하지 않을 수 있는 이유는 무엇인가?
• 춤은 생각과 느낌을 소통할 수 있는 형체, 공간, 시각, 에너지의 언어다.	• 어떻게 움직임이 감정을 표현할 수 있는가?

2. '핵심적'에 포함된 세 가지 함축적 의미

핵심적인 질문을 세밀하게 뜯어보면 핵심적(essential)이라는 용어에는 서로 다르지만 한편으로는 겹치는 세 가지 의미가 들어 있다는 것을 알게 된다. 핵심적에 함축된 첫 번째 의미는 '중요한'과 '세월이 흘러도 변하지 않는'이다. 이러한 면에서 핵심적인 질문은 누군가의 삶에서 자연스럽게 떠오르고 시간이 지나도 반복된다. 핵심적인 질문은 본디 범위가 넓고 보편적이다. 정의란 무엇인가? 예술은 기호의 문제인가, 원칙의 문제인가? 우리는 우리의 생체 및 화학적 활동에 어느 정도까지 간섭할 수 있는가? 과학과 종교는 양립하는가? 저자의 관점이 글의 의미를 결정하는 데 우선권을 갖는가? 이와 같은 유형의 핵심적인 질문은 보편적이며, 영원히 논쟁의 대상이 된다. 우리는 이러한 질문을 이해하는 순간에 다다를 수 있지만, 곧 그 대답은 일시적이거나 우리가 생각했던 것보다 훨씬 광범위하다는 것을 알게 될 것이다. 다시 말해 우리가 살아가면서 이 질문과 관련한 고찰, 서로 다른 관점, 풍부한 경험에 따라 생각이 바뀔 수 있다는 것이다. 그리고 이 같은 변화는 예상 가능할 뿐 아니라 삶에 도움이 된다. 훌륭한 교육은 이처럼 평생을 함께할 질문에 천착해야 한다. 내용 숙달에 집중하느라 가끔은 이런 질문이 보이지 않더라도 말이다. 이러한 질문은 교육이 단순히 '정답'을 배우는 것이 아니라 사고하고 질문하고 지속적으로 배움을 얻는 방법을 배우는 것임을 시사한다.

핵심적에 들어 있는 두 번째 함축적 의미는 '기본적인'과 '근본적인'이다. 이러한 면에서 핵심 질문은 한 학문 내의 중핵적인 탐구를 반영한다. 이러한 질문은 교과의 빅 아이디어와 전문 지식의 최전선을 가리킨다. 핵심 질문은 역사적으로 중요하며 현장에서 생생히 살아 있다. "역사는 역사를 기술한 자의 사회적·개인적 역사에서 자유로울 수 있는가?"와 같은 질문은 지난 수세기 동안 학자들 사이에서 뜨겁게 논의되어 왔으며, 전문가든 비전문가든 역사적 내용이 가진 잠재적인 편견에 관해 생각하게 만들었다. "시공간에는 몇 차원이 존재하는가?"와 "오늘날 지구 기후는 어느 정도까지 전형적인 규칙성을 보이는가, 혹은 이상적인 규칙성을 보이는가?"라는 질문은 물리학의 끈 이론이나 기후학에서 글로벌 기후 변화에 관한 논쟁의 최전방에 있다. 또한 "작가가 자신과 다른 성(gender)이나 문화의 관점에서 이야기를 쓸 때 이것은 작가의 창의성과 오만 중 어떤 것을 나타내는가?"와 같은 질문은 최근 수년간 문학과 예술계에서 논쟁의 화두가 되어 왔다.

핵심적이 함축한 세 번째 의미는 개인적 이해를 위한 필수 요소, 즉 학교 교육에서 학생들이 핵심 내용을 학습하기 위해 필요로 하는 것을 일컫는다. 이러한 면에서 질문이 학생으로 하여금 서로 분리된 것처럼 보이는 사실과 기술, 혹은 중요하지만 추상적인 생각과 전략—전문가는 이해했을지 모르지만 학생에게는 이해하기 어렵고 중요한 것—을 이해할 수 있게 돕는다면 그 질문은 핵심적이라고 볼 수 있다. 그 예는 다음과 같다. 빛은 어떤 식으로 파도처럼 움직이는가? 유능한 작가는 어떻게 독자의 관심을 끌고 유지하는가? 어떤 모형이 경기의 순환을 가장 잘 설명하는가? 이 '어지러운' 데이터 포인트(data point)[1]의 '최적선'은 무엇인가? 이러한 질문을 적극적으로 탐구하면서 학생들은 이질적이고 혼란스러운 정보를 연결하고 중요한 이해의 지점에 도달하며 이렇게 얻은 지식과 기술을 보다 효과적으로 (전환하여) 적용할 수 있다. 운동을 예로 들어보자. 축구, 농구, 럭비, 라크로스, 수구 경기에서 전략적인 선수와 팀은 "공격할 때 어떤 지점을 노릴까?"라는 질문이 중요하다는 것을 안다. (이 질문이 전략적 이해를 위한 도움닫기가 된다는 것을 명심하라. 이런 질문은 방어할 때에도 적용되어 공을 전진시키고 득점 기회를 높일 수 있다.) 이 질문은 "어떻게 하면 더 많은 경기에서 이길까?"와 같은 더욱 분명하고 중요한 질문으로 이어진다. 그러므로 체육이나 수

---

1 측정이나 조사를 통해 얻은 값.

학 과목에서와 같이 기능 중심으로 지도를 할지라도 학생들이 기능의 핵심을 정확히 짚고 그 의미를 이해하도록 돕는 중요한 핵심 질문이 있다는 사실을 기억하라. (기능을 바탕으로 하는 수업과 관련한 핵심 질문은 이후에 나오는 장에서 더 다루기로 한다.)

3. 의도가 형식에 우선한다

소위 고차원적인 질문은 왜, 어떻게, 어떤 식으로와 같은 의문사로 시작해야 한다는 이야기를 들어보았을 것이다. 실제로 이 같은 의문사는 본질적으로 다양한 반응을 끌어내는 개방적 사고를 표시하는 것으로 보인다. 그러나 무엇이, 누가, 언제와 같은 의문사로 시작되는 물음이 반드시 사실에 입각한 정답을 유도한다든가 왜로 시작하는 질문은 모두 고차원적이라고 단정해서는 안 된다. 다음의 질문을 예로 보자. 경제학에서 공정한 것은 무엇인가? 누가 '승자'인가? 언제 우리는 싸워야 하는가? 이런 질문은 분명히 기억에 의존하는 질문이 아니다. 이런 질문은 사고와 토론을 독려하고, 누군가의 답은 시간이 지날수록 진화할 수 있다. 한편, 교사는 수업 중 "왜 2차 세계대전은 발발했나?"와 같은 질문을 할 수 있지만 이것은 교과서에 나온 답을 찾게 하는 단순한 질문이다.

이 같은 점을 고려할 때 보다 보편적인 사실을 유추할 수 있다. 바로 의도가 형식에 우선한다는 것이다. 여러분이 질문을 하는 이유가 (질문의 바람직한 결과라는 관점에서) 질문을 하는 방식보다 중요하다. 원래부터 핵심적이거나 보잘 것 없는 질문은 없다. 질문이 핵심적인지 아닌지는 질문의 목적, 대상, 맥락과 영향에 좌우된다. 교사로서 질문에 대한 학생들의 반응이 어떻게 나오길 의도하는가? 앞서 든 예를 상기해보자. "생물학적으로 타고난 것은 운명인가?" 이 질문은 충분한 지식이 없는 사람에게는 정답이나 사실에 입각한 답을 유도

하는 것처럼 보이도록 구성되었다. 그러나 분명 이 질문은 인간의 행동과 건강에 관해 어떤 것이 예측 가능하고 어떤 것은 예측할 수 없는지에 관해 흥미롭고 날카로운 토론을 촉발하기 위한 의도를 가지고 있다. 즉, 질문이 핵심적인지 아닌지는 왜 그 질문을 제기하는지, 우리는 학생들이 이 질문을 어떤 식으로 해결하기를 바라는지, 관련 학습과 평가에서 우리가 무엇을 기대하는지에 달려있다. 복잡한 문제에 대해 우리는 토론과 같이 답이 열려 있는 심도 있는 탐구 활동을 추구하는가, 아니면 단지 학생들이 원래 정해진 답을 내놓길 바라는가? 학생들이 글에 관해 스스로 질문을 떠올리기를 바라는가, 아니면 정해진 방식으로 해석하기를 원하는가?

다시 말해, 어떤 글에서 나온 질문의 표현만 따진다면 질문이 핵심적인지 아닌지를 확인할 수 없다. "이야기란 무엇인가?"라는 질문을 보자. 만약 학생들이 교과서에 있는 답("이야기는 구성, 인물, 배경과 사건을 포함한다.")을 내놓기를 바라고 이 질문을 했다면 이 질문은 (의도된 대로) 우리의 기준에서 핵심적이지 않다. 그러나 만약 이미 알려진 이야기의 구성 요소라는 답을 처음에 끌어낸 이후 이 같은 요소 중 한두 개가 빠져 있는 포스트모던 소설에 대한 공부를 통해 전통적인 소설의 정의가 전복된다면 이 질문은 '핵심적'인 방식으로 기능한다.

이번엔 세 교실에서 "규칙은 무엇인가?"라는 똑같은 질문을 던졌을 때 질문의 의도에 따라 각각 어떤 상황이 펼쳐지는지 살펴보자.

1. 초등학교 2학년 교사가 묻는다. "여러분, 숫자 2, 4, 6, 8, __을 보세요. 다음엔 무엇이 나올까요? 여기에서 규칙은 무엇인가요?" 이때 질문은 특정한 정답(10)을 유도한다.

2. 대수학 1을 가르치는 교사가 학생들에게 일련의 자료를 제시한 뒤 두 개의 관련 변수를 그래프로 그리라고 말한다. "무엇을 발견했나요? 규칙은 무엇인가요?" 이때 교사는 학생들이 모든 자료에서 선형관계를 발

견하도록 유도한다.

3. 과학 교사가 15년간의 에이즈 발병 사례를 나이, 성별, 지역, 사회적 지위에 따라 분류한 자료를 보여준다. 교사는 "규칙은 무엇인가요?"라고 물음으로써 신중한 분석, 추론과 적극적 토론을 독려하려는 의도를 갖는다.

그러므로 우리는 단순히 질문의 표현을 가지고 핵심적이냐 아니냐를 단정할 수 없다. 앞서 말했듯이, 누가/무엇이/언제로 시작하거나 예/아니요를 묻는 질문이라도 수업 중 어떤 맥락에서 제시되는지와 후속 질문의 성격에 따라 학생들로부터 진지한 호기심과 깊은 사고, 성찰을 불러일으킬 수 있다. 다음의 예를 보면서 생생한 토론, 지속적인 사고, 기대되는 통찰력을 상상해보라.

- 우주는 팽창하고 있는가?
- 자유가 중단된 민주주의는 성립하지 않는가?
- 유클리드 기하학은 우리가 사는 공간에 최상의 '지도'를 제공하는가?
- 누가 지도자가 되어야 하는가?
- 허수는 유용한가?
- 『호밀밭의 파수꾼(Catcher in the Rye)』은 희극인가, 비극인가?
- '제3'세계란 무엇인가? '제4'세계도 있을까?
- 언제 임무가 완수되고 승리가 확실시되는가?

그리고 이미 보았듯, 의도라는 개념은 역으로도 통한다. 교사는 흥미롭고 열린 질문을 하는 것처럼 보이지만 정확한 답을 기대할 수도 있다. 최악의 경우는 논쟁의 대상이 되는 문제에 대해 학생들에게 질문을 하지만 실제로는 정치적으로나 도덕적으로 자신이 옳다고 생각하는 대답으로 몰고 가거나 강조함으로써 지적으로 정직하지 못한 행동을 하는 것이다.

생각을 자극하는 질문에 대해 교사 스스로의 답변을 생각해보면 질문의 목적이나 의도를 보다 쉽게 파악할 수 있다. 최고의 핵심 질문은 진정으로 살아 있다. 사람들은 학교 밖에서도 이러한 질문을 던지고 의견을 나누고 논쟁을 벌인다. 질문은 토의 중에 자연스럽게 발생하고 전문가든 비전문가든 상관없이 추가적인 생각과 가능성을 열어둔다. 핵심 질문은 탐구력과 열린 사고가 평생 학습자의 근본적인 사고방식과 특성임을 시사한다. 보다 실제적인 의미에서 우리가 정말 깊이 관여하는 질문이라면, 그리고 그 질문이 진실되고 우리와 관련된다면, 또한 그 질문이 우리가 학습하는 것을 보다 체계적이고 깊이 이해하도록 돕는 것이라면 그 질문은 생생히 살아 있다.

그렇다면 궁극적으로 우리는 질문이 핵심적인지를 판단할 때 후속 질문이나 과제, 평가 등 질문을 둘러싼 큰 의도와 질문의 맥락을 고려해야 할 것이다. (핵심 질문을 최대한 활용하기 위해 필요한 탐구의 문화에 대해서는 이후 장에서 이야기하기로 한다.)

4. 크기와 범위에 따라: 총체적 핵심 질문 vs 한정적 핵심 질문

"오류는 어느 정도까지 용인할 수 있는가?"와 같은 질문은 또 다른 차원에서 핵심적이라고 할 수 있다. 이러한 질문은 특정 학문의 경계를 뛰어넘어 적용할 수 있어서 측량, 통계, 공학에서 단원이나 교과 과정을 연결할 뿐 아니라 시, 음악, 낙하산 포장까지 각종 분야로 확대할 수 있다. 이러한 질문은 우리가 맨 처음 만나게 된 특정 화제를 뛰어넘는 전환을 장려하고 요구한다. 이러한 질문은 주제와 학문 분야 안팎에서 개념을 연결시키고 교육과정의 일관성을 도모할 수 있도록 몇 년에 걸쳐 거듭 반복될 수 있으며, 또 그래야만 한다.

핵심 질문들(그리고 수반되는 이해)의 범위는 다르다. 예를 들어, "2차 세계대전에서 어떤 교훈을 얻을 수 있는가?"와 "최고의 추리소설 작가는 어떻게 독자의 관심을 끌고 유지하는가?"와 같은 질문은 전형적으로 학생들이 특정 주제 및 기능과 관련된 특별한 이해를 할 수 있도록 돕는다. 보통 이러한 질문은 영원히 열려 있거나 답이 없지만은 않다. 이러한 질문은 2차 세계대전과 추리소설이라는 장르를 언급함으로써 특정 단원의 주제와 연관시킨다. 한편, 다른 핵심 질문들은 범위가 더 넓고 총체적이어서 특정 주제나 기능을 뛰어넘어 보다 보편적이고 전이 가능한 이해로 이끌어간다. 예를 들어, "과거로부터 우리가 배울 수 있는 것과 배울 수 없는 것은 무엇인가?"와 같은 질문은 2차 세계대전에 국한되지 않으며, 수년에 걸쳐 몇몇 관련 과목에서 생산적인 방법을 통해 거듭 반복될 수 있다. 마찬가지로, 반드시 추리소설이 독자의 관심을 끄는 방법만 알아볼 필요는 없다. 이 한정적인 질문은 "최고의 작가와 예술가는 어떻게 우리의 관심을 끌고 유지하는가?"와 같이 모든 작가와 예술가에 적용되는 폭넓은 질문으로 확장할 수 있다.

우리는 특정한 핵심 질문은 '한정적'으로, 보다 광범위한 핵심 질문은 '총체적'으로 표현하기로 한다. (같은 개념이 이해에도 적용된다.) 여기 두 종류의 핵심 질문을 쌍으로 묶은 예를 살펴보자.

총체적인 핵심 질문	한정적인 핵심 질문
• 누구의 '이야기'(관점)인가?	• 알래스카 원주민은 자신들의 땅이 '거래'되는 것을 어떻게 보았는가?
• 구조와 기능은 어떻게 연관되는가?	• 다양한 곤충의 구조는 그들의 생존에 어떤 영향을 미치는가?
• 예술은 어떤 방식으로 형상뿐 아니라 문화도 반영하는가?	• 의식용 가면은 잉카 문화의 어떤 점을 보여주는가?

- 작가는 글의 분위기 조성을 위해 이야기 요소를 어떻게 활용하는가?

- 무엇이 체계를 만드는가?

- 강대국의 흥망성쇠에서 볼 수 있는 공통적인 요소는 무엇인가?

- 존 업다이크(John Updike)는 글의 분위기 조성을 위해 배경을 어떻게 활용하는가?

- 우리의 다양한 신체 체계는 어떻게 상호작용하는가?

- 소련은 왜 붕괴됐는가?

보다시피 오른쪽에 있는 핵심 질문은 특정 화제에 초점을 맞춘 것이지만 왼쪽에 제시된 질문은 범위가 더 넓다. (비록 수렴적으로 보일지라도 한정적 핵심 질문 역시 다른 그럴듯한 반응들을 끌어낼 수 있다.) 총체적인 핵심 질문은 단원의 특정 내용을 언급하지 않는다는 점에 주목하라. 특정 과목의 문제를 보다 광범위하고 전이 가능한 이해로 이끌어 단원의 주제, 심지어 교과 과정의 경계를 뛰어넘을 수 있다.

총체적 핵심 질문(그리고 이해)은 (유치원에서 12학년까지의 보건 교육과정과 같은) 학습의 전체 과정 및 프로그램의 틀을 짜는 데 큰 가치를 갖는다. 이러한 질문은 학년을 가로질러 동일한 핵심 질문을 중심으로 범위가 확대되는 이해-기반 교육과정(understanding-based curriculum)에 개념적 틀을 제공하기 때문이다.

5. 초인지적이고 성찰적인 질문

우리가 지금까지 보았던 핵심 질문의 예들은 기본적으로 교과와 관련된 것이었다. 그러나 그보다 더 보편적인 핵심 질문도 있는데, 이것은 초인지적이고 성찰적인 질문이라고 말할 수 있을 것이다. 그 예는 다음과 같다.

- 나는 무엇을 알고 있고 무엇을 더 알아야 하는가?

- 나는 어디에서 출발해야 하는가? 언제 과정을 바꿔야 하는가? 내가 끝마쳤다는 것을 어떻게 알 수 있는가?

- 무엇은 효과가 있고, 무엇은 효과가 없는가? 무엇을 수정해야 하는가?

- 이것을 할 수 있는 보다 효율적인(efficient) 방법이 있는가? 이것을 할 수 있는 보다 효과적인(effective) 방법이 있는가? 효율성과 유효성의 균형을 어떻게 맞춰야 하는가?

- 어려움에 처하면 무엇을 해야 하는가?

- 실수를 저지르는 것에 대한 두려움을 어떻게 극복할 수 있는가?

- 내가 배운 것은 무엇인가? 어떤 통찰력을 얻었는가?

- 어떻게 나의 성과를 향상시킬 수 있는가?

- 다음에는 무엇을 다르게 해야 하는가?

이러한 종류의 보편적인 질문은 학교 안에서건 밖에서건 효과적인 학습과 성과를 위해 정말로 필수적이다. 이 같은 질문은 기능 개발과 성과에 초점을 맞추는 과목에서 특히 결실을 맺는 것으로 증명되었다. 이러한 물음은 생각이 깊고 자기 성찰적인 개인에게서 확인되며, 전 학년을 아우를 뿐 아니라 집과 같이 학교가 아닌 곳에서도 평생에 걸쳐 제기되고 고려될 수 있다.

6. 핵심적이지 않은 질문

다양한 유형의 질문이 학교 안에서 이용된다. 그리고 수업 시간에 사용되는 모든 질문이 유용한 역할을 하지만 대부분은 우리의 관점에서 봤을 때 핵심 질문이 아니다. 우선 일반적으로 교실에서 쓰이는 세 가지 유형의 질문인 유도 질문, 안내 질문, 유인 질문을 보자. 탐색 질문과 이해 여부를 확인할 때 사용하는 질문을 포함하여 여러 다른 유형의 질문은 뒤에 나오는 장에서 설명할 것이다.

1) 유도 질문

전설의 코미디언 그루초 막스(Groucho Marx)는 1960년대에 〈인생을 걸어라(You Bet Your Life)〉라는 제목의 텔레비전 퀴즈 프로그램을 진행했다. 참가자가 퀴즈 문제를 전부 혹은 대부분 틀리면 그는 "그랜트(Grant) 장군의 묘에 잠들어 있는 사람은?"과 같이 참가자의 체면을 세워줄 질문을 마지막으로 던지곤 하였다. (안타깝게도 그 문제의 정답마저 틀리는 사람도 있었다!) 그루초 막스가 참가자에게 준 질문은 단 하나의 '정확한' 대답을 가리키고 요구하는 유도 질문의 완벽한 예다. (우리는 변호사와 논객들이 유도 질문을 다르게 정의한다는 것을 알고 있지만, 이 용어야말로 정확한 정답을 유도하려는 교사의 의도, 즉 올바른 대답을 유도하려는 목적을 설명하기에 적합하다고 생각한다.) 유도 질문의 다른 예가 다음과 같이 제시되어 있다.

- 7 곱하기 6은 무엇인가?
- 우리가 공부한 4면체의 특징은 무엇이었는가?
- 대공황이 시작될 때 집권했던 대통령은 누구였는가?
- 수은의 화학 기호는 무엇인가?
- A장조의 관계 단조는 무엇인가?
- 어떤 글자가 모음인가?

유도 질문을 통해 교사는 학생들이 특정 정보를 기억해내거나 제대로 처리할 수 있는지 확인할 수 있다. 그렇기 때문에 사실에 입각한 지식을 기억해내거나 보완해야 할 때 유도 질문의 역할이 중요해진다. 다른 측면에서 이러한 질문은 수사적인데, 그것은 중요한 의미에서 실제적 질문이 아님을 우리에게 상기시킨다. 이러한 질문의 목적은 탐구를 암시하는 것이 아니라 사실을 가리키는데 있다. 이것은 변호사와 논객들이 일반적으로 자신들이 주장하는 바에 이목을 집중시키기 위해 수사적 의문문을 사용하는 이유이기도 하다.

2) 안내 질문

교사들이 사용하는(그리고 교과서에서 보게 되는) 우리에게 익숙한 또 다른 유형의 질문은 '안내' 질문이라 명명할 수 있다. 다음의 예를 보도록 하자.

- 이 문장은 적절한 구두점을 사용하고 있는가?
- 이 정답은 왜 0보다 적어야 하는가?
- 촬영술에서 '삼등분 법칙'은 어떻게 사용되는가?
- 뉴턴(Newton)의 제2법칙을 자기만의 말로 설명할 수 있는가?
- 주인공은 언제 자신의 옛 친구를 의심하기 시작했는가?
- 1차 세계대전이 발발하게 된 네 가지 원인은 무엇인가? (이 글의 다른 쪽에 정보가 제시되어 있다.)
- 프랑스어에서 여성형과 남성형인 단어들은 무엇이 있는가?

안내 질문은 유도 질문보다 광범위하지만, 실제로 답이 열려 있거나 심도 깊은 탐구를 유도하기 위해 고안된 질문이 아니다. 각각의 안내 질문은 학생을 사전에 목표로 한 지식과 기능으로 안내하여 분명한 답에 이르도록 한다. 그러나 그 답은 단순히 기억력에 의존하는 것이 아니라 어느 정도의 추론을 요구한다. 이러한 의미에서 안내 질문은 교사가 학습 내용과 관련한 구체적인 성과를 달성할 수 있도록 도움을 주는 중요한 도구다. 이러한 질문들이 앞에서 언급한 일곱 개의 기준에 부합하지 않는다는 것을 확인하다 보면 알겠지만, 이 질문들이 익숙하고 유용함에도 불구하고 우리는 이것들을 핵심적이라고 여기지는 않는다. 이와 같은 질문은 1회 혹은 그 이상의 수업에서는 충실하게 활용될 수 있겠지만, 장기적인 탐구를 계획할 때 활용되거나 오랜 기간에 걸쳐 다시 토의되지는 않을 것이다.

3) 유인 질문

내로라하는 교사들은 오래전부터 새로운 수업이나 단원 또는 교과 과정을 시작할 때 학생들의 관심을 사로잡는 것이 중요하다는 사실을 인지해왔다. 사실 수업을 시작하는 기발한 질문은 학생의 관심을 유발하고 상상력을 사로잡으며 궁금증을 자아낸다. 우리 대부분은 분명 학생의 관심을 사로잡는 질문의 사용을 장려하지만, 이 질문은 핵심 질문과는 다르다. 이러한 질문이 핵심 질문과 어떻게 구별되는지 알기 위해 '유인' 질문의 두 가지 예를 보자.

1. 영양에 관한 단원을 시작하기 위해 교사는 다음 질문을 6학년 학생들에게 한다. "여드름을 예방하기 위해 무엇을 먹고 마실 수 있을까요?" 이 유인 질문은 효과적으로 학생들의 관심을 끌고, "우리는 무엇을 먹어야 할까요?"와 같은 해당 단원의 보다 넓은 핵심 질문에 대한 탐구를 시작할 수 있게 한다.

2. 알래스카의 어느 마을에 사는 과학 교사는 학생들을 주목시키기 위해 다음 질문을 던진다. "우리가 지금 마시고 있는 물이 우리 선조들이 마셨던 것과 같은 것일까요?" 이 지역 사람들의 선조에 대한 문화적 존경심과 그들의 생존과 밀접한 관련이 있는 바다의 중요성을 고려했을 때 교사가 던진 질문은 교육적 맥락에서 훌륭한 시작 질문이다. 이 질문은 과학 학습의

관련 부분에 대한 지속적인 탐구를 촉발하기 위해 "물은 어디에서 오고 어디로 가나요?"와 같은 핵심 질문과 함께 쓰인다.

[표 1-1] 수업 질문의 4가지 유형과 그 예

내용 혹은 주제	유인 질문	유도 질문	안내 질문	핵심 질문
영양	무엇을 먹으면 여드름을 예방할 수 있을까?	이 식품군에는 어떤 종류의 음식이 있는가?	균형 잡힌 식단이란 무엇인가?	우리는 무엇을 먹어야 할까?
『호밀밭의 파수꾼』 작품 연구	문제아처럼 행동하는 십대들을 알고 있는가? 그들은 왜 그런 행동을 할까?	이 소설의 이야기는 언제(시간), 어디서(장소) 일어났는가?	홀든(Holden)은 정상적인가? (주인공은 정신병원에서 이야기를 하고 있다.)	어떠한 요소가 소설을 명작으로 만드는가? 우리는 소설로부터 어떠한 '진실'을 배울 수 있을까?
음계	여러분의 부모님은 음악을 좋아하는가?	C장음계의 음에는 무엇이 있는가?	왜 작곡가는 단음계가 아닌 장조를 사용한 것일까?	음악과 '소음'은 어떻게 구별하는가? 무엇이 음악적 기호에 영향을 끼칠까? (예: 문화, 나이)
헌법/권리장전	여러분은 '정당방위' 법에 동의하는가?	미국 수정헌법 제2조는 무엇인가?	법원에 따르면 수정헌법 제2조가 '정당방위' 법을 뒷받침하는가?	영원한 진리로서 시대에 구애받지 않는 헌법 원칙은 무엇이며, 시대착오적이고 낡아서 수정되어야 하는 원칙은 무엇인가? (예: 한때는 백인 남성만이 '인격체'로 간주되었다.) 개인의 자유와 공익 간의 균형은 어디에 있을까? 수정헌법 제4조나 권리장전의 일부 다른 부분이 시대착오적인가?
심리학/ 인간행동	아이들이 무리지어 있을 때 이따금씩 어리석은 행동을 하는 이유는 무엇일까?	스키너(B. F. Skinner) 는 누구인가? 행동주의란 무엇인가?	행동주의와 게슈탈트 심리학, 프로이트 심리학 간의 유사점과 차이점은 무엇인가?	사람들은 왜 다른 이들이 하는 대로 행동하는가?

[표 1-1]은 이 장에서 논의한 수업 시간에 사용하는 네 가지 유형의 질문을 구별하는 데 도움이 되는 예시를 제공한다. [표 1-2]는 각 유형의 특징을 강조한다.

[표 1-2] 수업 질문의 4가지 유형과 그 특징

유인 질문

- 새로운 주제에 대한 학생들의 관심을 사로잡기 위한 질문이다.
- 호기심을 유발하거나 질문 혹은 토론으로 이어질 수 있다.
- 소위 "아이의 언어"를 이용하여 질문이 구성되는 경우가 많다.
- 질문을 한두 번 하되 나중에 다시 하지 않는다.

유도 질문

- 대답을 듣기 위해 하는 질문이다.
- '정확한' 답이 있다.
- 학생들의 기억과 정보 탐색을 지원한다.
- 한 번 혹은 답이 나올 때까지 질문한다.
- 도움이 전혀 필요하지 않거나 최소한의 도움만이 요구된다.

안내 질문

- 주제에 대한 탐구를 독려하고 이끌기 위한 질문이다.
- 성취하고자 하는 지식과 기능으로 안내한다. (그러나 정답이 반드시 하나인 것은 아니다).
- 시간이 지난 후에 질문할 수 있다. (예: 해당 단원의 학습 기간)
- 일반적으로 설명과 교사의 도움이 요구된다.

핵심 질문

- 지속적인 사고와 탐구를 자극하는 질문이다.
- 더 많은 질문을 제기한다.
- 토론과 논쟁으로 이어진다.
- 해당 단원(그리고 해당 학년)의 학습 기간에 질문을 반복한다.
- 타당한 근거와 증거를 요구한다.
- '대답'은 이해 깊이에 따라 바뀔 수 있다.

---

7. 요약하기

　　수업 시간에 사용하는 질문은 각각의 다른 합당한 목적을 가진 서로 다른 유형의 질문으로 분류할 수 있다. 그러나 여러분이 적절한 유형의 질문을 수업에 포함할 것을 고려한다면 우리는 핵심이라는 용어의 두 가지 함축적 의미를 구분할 것을 충고한다. 이 두 가지는 (1) '유인' 질문과 '안내' 질문을 자주 사용하면서 가르치는 것을 직업으로 하는 나와 같은 사람의 입장에서 보는 핵심과 (2) 중요한 생각과 절차를 '이해할 수 있기 위해' 지속적으로 탐구해야 하는 학생의 입장에서 보는 핵심이다. 이 책에서 우리는 두 번째의 의미를 사용한다. 실제 이해에 초점을 둔 교육과정에서 우리는 앞서 언급한 질문 중 마지막 유형을 선호하는 경우가 많다.

　　무엇이 질문을 핵심적으로 만드는지에 대해 잘 이해했으니 이러한 질문을 언제, 무슨 이유로 사용해야 하는지에 대해 자세히 들여다보도록 하겠다. (비록 핵심 질문의 개념을 '파악'했다고 하더라도 이것이 반드시 나무랄 데 없는 핵심 질문을 스스로 개발할 수 있는 능력으로 이어지는 것은 아니라는 사실을 기억하라. 우리는 3장에서 핵심 질문을 만들고 다듬는 것과 관련한 아이디어를 알아볼 것이다.)

FAQ

Q 우리 교장 선생님은 매 수업 시간마다 최소한 하나의 핵심 질문을 할 것을 요구합니다. 전 이 일이 큰 스트레스로 다가옵니다. 좀 도와주시겠어요?

A 이해 중심 교육과정의 핵심 요소—목표의 전이, 이해, 핵심 질문, 이해의 수행—는 한 번의 수업으로 만족스럽게 다루어지기에는 지나치게 복잡하고 다면적이어서 우리는 단원을 설계의 초점으로 선정했습니다. 특히 핵심 질문은 장기적인 학습에 초점을 맞추어 시간이 지난 후에 다시 하도록 되어 있기 때문에 수업 시간이 끝날 때 답을 듣게 되는 것이 아닙니다. 매 수업 시간에 새로운 핵심 질문을 생각해내는 것은 어려울 뿐 아니라 이러한 강박은 피상적인(유도하는) 질문이나 기껏해야 안내 질문들만 나오는 결과가 발생할 수 있습니다.

교장 선생님의 취지는 좋다고 할 수 있지만 정기적으로 핵심 질문을 사용하는 것(우리는 이것을 지지합니다.)과 매 수업에 새로운 핵심 질문을 사용하는 것을 구분할 줄 알아야 한다고 말하고 싶습니다. 하나 혹은 두 개의 진정한 핵심 질문이 많은 수업의 학습 틀을 구성하는 데 사용될 수 있습니다. 이 책을 당신이 근무하는 학교의 교장 선생님께 권해야겠군요!

Q 안내 질문과 핵심 질문의 차이가 혼란스럽습니다. 핵심적이라고 일컫는 질문 중 일부, 이를테면 "유능한 작가는 어떻게 독자의 관심을 끌고 유지하는가?"와 같은 질문은 "답이 열려 있거나 심도 있는 탐구를 유도하기 위해 고안된 질문이 아니라 학습 내용이나 활동에 초점을 맞춘 질문"이라는 '안내' 질문의 정의에 부합하는 것 같습니다.

A 당신의 말이 맞습니다. 이 두 질문의 차이는 상당히 미묘합니다. 그러나 앞서 말했듯이 질문의 의도에 모든 실마리가 담겨 있습니다. 만약 질문의 목적이 의심의 여지가 없이 하나의 최종적인 답변에 도달하는 것이라면 이 질문의 핵심은 해당 답변에 이르는 학습을 하는 데 있습니다. 그러나 우리가 잠정적이면서 타당한 답변에 이르렀다고 하여도 질문의 핵심이 지속적인 또 다른 질문 유도에 있다면 이 질문은 핵심 질문입니다.

* 연습 문제의 정답과 해설

질문	핵심적인가?	해설
1. 헤이스팅스 전투(Battle of Hastings)가 벌어진 해는 몇 년도인가?	아니요	하나의 정답만이 존재하는 사실에 입각한 질문이다.
2. 유능한 작가는 어떻게 독자의 관심을 끌고 유지하는가?	예	장르, 대상/목적과의 연관성, 작가의 목소리, 조직 구조를 포함하는 효과적인 글쓰기의 여러 측면을 탐구하도록 유도하는 심도 있는 질문이다.
3. 생물학적으로 타고난 것은 운명인가?	예	사고를 자극하고 많은 의미를 담고 있으며 정확한 답이 없는 질문이다(표현에 속지 말 것).
4. 의성어—어떤 의미가 있는가?	아니요	비록 질문 방식은 졸고 있는 학생들을 깨우기에 적합하지만, 가치 있는 탐구로 이어지지 않는다. 기껏해야 새로운 용어의 정의로 이어질 수 있다.
5. 환경에 적응하는 동물의 예로는 무엇이 있는가?	아니요	학생들이 다양한 현상에서의 적응에 대한 개념을 이해하는 데 도움이 되는 유용한 질문이다. 그러나 책을 통해 이 질문에 대한 구체적인 답을 찾을 수 있다.
6. 연산의 한계는 무엇인가?	예	이 질문은 열린 질문으로 수학과 관련된 모든 학년의 수업 시간에 광범위하게 적용될 수 있다. 이 질문은 학생들이 "수학은 이점과 한계를 동시에 가지고 있는 도구와 방법을 포함한다."는 추상적이지만 중요한 개념을 이해할 수 있도록 돕는다.

2장

왜 핵심 질문을 사용하는가

교육의 장기적인 핵심 목표는 학생이 더욱 훌륭한 질문자가
되도록 하는 것이다. 현대 사회에서는 질문하는 능력이 의미
있는 학습과 높은 수준의 지적 성취의 중심에 있기 때문이다.

이해 중심 교육과정과 기타 교육과정에 대한 계획을 구상할 때 핵심 질문은 당연한 요소로서 포함되는 경우가 많다. 선택적인 물음과 대조적으로 이러한 질문이 필수적으로 요구되는 이유는 무엇일까? 질문을 기반으로 한 교육 계획의 틀을 완성할 때 어떠한 방식이 발전 지향적인가? 단도직입적으로 말하자면, 핵심 질문은 단원 계획을 집중적이고 심도 있는 학습과 학습자를 배출할 가능성이 높아지도록 만든다. 학생은 교사가 적절히 사용하는 최고의 핵심 질문을 통해 교실에서 수동적인 학습을 지양해야 하며, 생각은 선택이 아니라 필수라는 사실을 분명히 깨달아야 한다.

그러나 중요한 질문을 중심으로 단원 학습을 구상해야 하는 다른 중대한 이유들이 있다.

- 핵심 질문은 탐구가 교육의 핵심 목표라는 사실을 드러낸다.
- 핵심 질문으로 인해 해당 단원은 학생들의 지적 호기심을 더욱 자극하게 된다.

- 핵심 질문은 교사가 성취기준을 분명히 파악하고 이에 대한 우선순위를 정할 수 있도록 돕는다.
- 핵심 질문은 학생에게 명료함을 제공한다.
- 핵심 질문은 학생에게 초인지를 독려하고 모델을 제공해준다.
- 핵심 질문은 학문 내, 학문 간 연계의 기회를 제공한다.
- 핵심 질문은 의미 있는 구별을 뒷받침한다.

이러한 각각의 목적을 보다 세부적으로 탐구해보자.

1. 탐구가 교육의 핵심 목표라는 사실 드러내기

성공적인 탐구는 처음에는 헷갈리고 명확하지 않으며 단편적이었던 것들을 '깨닫고' '파악'하며 '이해'할 수 있도록 우리를 인도한다. 그래서 질문은 새롭고 더욱 가시적인 의미에서 완결되지 않으면 안 된다. 그러나 이러한 새로운 의미들이 최종적인 경우는 거의 없다. 사실 우리의 목표는 학생이 끊임없이 중요한 질문과 가능한 의미를 고려하면서 적극적으로 탐색하고 결연한 마음으로 묻고 따지도록 하는 것이다. 「벌거숭이 임금님(The Emperor's New Clothes)」에서 진실을 말한 아이와 『곰돌이 푸(Winnie the Pooh)』의 푸, 플라톤의 『대화(Dialogue)』의 소크라테스가 우리를 일깨우듯이, 타인이 하지 않는 질문을 계속해서 던지는 것은 무분별에서 비롯된 습관과 믿음, 도그마의 한계에서 벗어날 수 있는 열쇠이다. 일단 우리가 질문, 즉 진정한 질문을 하는 법을 배우면 자신의 주장에 대해 우리가 심각하게 생각하지 않기를 바라는 사람들, 소위 정치가, 광고주, 왕따를 조장하는 동료의 희생자로 전락할 수 있는 상황에 저항할 수 있다.

요컨대 교육의 장기적인 핵심 목표는 학생이 더욱 훌륭한 질문자가 되도록 하는 것이다. 왜냐하면 수많은 지식이 순식간에 구태의연한 것이 되는 현대 사회에서는 질문하는 능력이 의미 있는 학습과 높은 수준의 지적 성취의 중심에 있기 때문이다. 그렇다면 모두들 질문을 중단하거나 완전히 회피하는 순간에도 학생들은 어떤 질문을 계속해서 하는 것이 좋을까? 복잡한 쟁점과 문제를 이해하기 위한 노력에 지칠 때에도 어떤 질문을 계속해서 다뤄야 할까? 학습 시 주제와 상관없이 확립할 가치가 있는 핵심 질문이 이 물음에 대한 답이다.

이러한 사실이 독자에게 명백하게 이해될 수도 있겠지만, 우리가 교육자로서 그동안 축적한 활동은 사각지대나 모순을 시사하는 경우가 많다. 연구에 연구를 거듭한 결과 교사 질문의 대부분은 낮은 수준의 유도 질문이며 사실에 입각한 지식에 초점을 맞추고 있다는 결론이 나왔다. 다음은 이와 같은 결과를 간추린 것이다(Pagliaro, 2011, p. 13).

1912년에 최초로 질문 관련 연구가 보고된 이래로 교사가 던지는 질문의 대부분이 수준이 낮다(Wragg, 1993; Wilen, 2001; Wragg & Brown, 2001)는 언급이 계속해서 나오고 있다. 게다가 이와 같은 낮은 수준의 질문은 초등학교뿐 아니라 대학교에서도 널리 사용되고 있다(Albergaria-Almeida, 2010). ⋯ 한 연구에 따르면, 교사들은 하루에 최대 300~400개의 질문을 던진다(Levin & Long, 1981). 그들은 또한 질문을 속사포처럼 던지는 경향이 있다. 3학년 독서 모임을 지도하는 교사들은 43초마다 질문을 던졌고(Gambrel, 1983), 중학교 영어 수업 교사들은 1분에 평균적으로 무려 다섯 개의 질문을 했다.

참관 수업을 여러 번 했지만 우리는 흥미로운 몇 가지 질문에 대한 지속적인 탐구가 이루어지는 것을 목격한 적이 거의 없다. 심지어 핵심 질문이 칠판에 쓰여 있을 때도 이는 마찬가지였다! 사실 지속적인 탐구가 아니라 학습 내용에 초점을 맞춰 성취기준이 정해지는 경향을 보이는 교육 현실에서 가장 큰 도전은 우선순위가 정해지지 않은 내용의 수업을 진행하며 수동성 유발을 피하는 것이다.

이해 중심 교육과정의 단원 계획 템플릿에서 핵심 질문은 모든 단원 목표의 자리인 단계 1(Stage 1)에 위치하고 있다. 이는 질문이 단순히 학생이 배웠으면 좋겠다고 생각하는 교사의 답을 제시하기 위한 준비 과정이 아니라 목표 그 자체임을 보여준다는 것을 의미한다. 질문과 목표의 동일시에 담긴 깊은 메시지는 단순한 내용 습득이 아닌 개발과 심도 있는 이해가 교육의 장기적인 목표이며, 이해는 지속적인 질문을 통해서만이 발전할 수 있다는 사실을 말한다. 복잡하고 새로운 가르침이나 경험을 한 번에 이해하게 되는 경우는 드물다. 이는 시간이 흐르면서 의미가 만들어지고 이해가 깊어진다고 말하는 것이 타당하다고 할 수 있는 이유다. 이러한 결과는 사실에 입각한 정보처럼 단순하게 전달되거나 개별 기능처럼 연습으로 익힐 수 있는 것이 아니다. (의미와 습득의 목표 간 차이에 대해 더 많이 알고 싶다면 Wiggins & McTighe, 2011, 2012 참조할 것.) 이러한 이유로 핵심 질문은 이해를 위한 관문의 역할을 한다. 즉, 질문을 탐구함으로써 학습자는 스스로 의미를 구성할 수 있게 된다.

2. 지적 흥미를 불러일으키는 단원 만들기

더욱 활력이 넘치고 주도적인 학습을 위해 오랫동안 사용되어 온 방법은 흥미롭고 생각을 자극하는 질문 위주의 학교 수업을 구성하고 학습자가 이러한 질문을 해결할 수 있도록 도움을 주는 '답'이나 '도구'로서 수업 내용을 편성하는 것이다. 최고의 핵심 질문은 설계를 통해 생각을 자극하도록 하는 것이다. 즉, 핵심 질문은 본질적으로 사고에 생기를 불어넣는다. 1장에서 언급했듯이, 질문이 사고를 깨우거나 각성시키고 자극하지 않는다면 핵심적인 것이 아니다.

교육적 관점에서 우리는 학생들이 두 가지를, 즉 (1) 탐구를 좇고 구변이 좋은 피상적인 대답에 만족하지 않으며, (2) 언제나 탐구를 하며 수업 내용을 배우고 싶어 하도록 만드는 질문을 추구한다. 이는 적절하게 사용된 최고의 질문이 배움을 더욱 적극적이고 즐겁게 만드는 이유이다. 이와 같은 질문을 효과적으로 사용하면 학생은 보다 분명하고 가치 있는 이유로 지식과 기능을 습득하기 때문에 무의미하게 고생을 한다는 느낌을 훨씬 덜 받게 된다. 따라서 이러한 학습은 외부로부터 동기를 부여받는 것보다 더욱 본질적이며 학생이 이해와 지속적인 향상에 필요한 작업을 지속할 가능성이 훨씬 커진다.

모의실험(시뮬레이션)이나 비디오 게임, 운동이 매우 흥미로우면 운동선수들이 기능 개선의 지루함과 훈련의 고통을 기꺼이 감내하는 것은 당연하다. 모든 축구 경기나 수영 대회 뒤에는 일련의 흥미롭고 지속적인 핵심적 질문이 숨어 있다. 이기기 위해서는 무엇이 필요한가? 실력을 향상시키기 위해 무엇이 필요한가? 우리의 강점과 약점은 무엇인가, 그리고 어떻게 하면 강점을 발휘하고 약점을 줄일 수 있을까? 이러한 질문은 각각의 새로운 경기나 대회가 새로운 형태의 도전을 가져오기 때문에 지속적으로 살아 있으며, 막중한 도전을 더욱 잘 처리하기 위한 방법을 파악하기 위해 생각을 이용하는 것은 동기 부여의 열쇠가 된다.

사실 최고의 코치는 이러한 암시적인 질문들을 명쾌하게 한다. 그랜트는 딸이 다니는 고등학교의 전문 축구 코치로 일하며 대학과 고등학교에서 40년 동안 지도 경험을 쌓은 사람을 보고 이 사실을 깨달았다. 그 코치는 다른 많은 동료와 달리 2시간의 중간 휴식 동안에는 수업을 하지 않았다. 그는 질문만 던질 뿐이었다. 지금까지 우리에게 효과가 있던 것은 무엇인가? 효과가 없는 것은 무엇인가? 효과가 없는 이유는 무엇이고 우리는 어떻게 개선할 수 있을까? 상대 팀에게 효과가 있는 것은 무엇인가, 그리고 그것을 우리는 어떻게 반격할 수 있을까? 이 코치는 다른 코치들보다 덜 '가르침'을 줬음에도 불구하고 그에게서 훈련을 받은 소녀들은 훨씬 월등한 기량을 발휘하는 선수가 되었다. 그가 채택한 소크라테스식 방법의 결과로서 소녀들은 '축구에 대해 생각하는 법'을 배웠고, 질문 속에 담긴 도전에 대해 끊임없이 흥미를 느끼고 경계를 게을리하지 않았다.

우리는 어느 6학년 영어/언어 과목 교사가 사용하는 훌륭한 질문도 같은 효과를 가지고 있다는 것을 알았다. 이 교사는 학생들의 글쓰기와 또래 비평을 지도하기 위해 다음과 같은 핵심 질문을 사용하였다.

필자를 위하여: 여러분의 목적은 무엇인가요? 여러분의 독자는 누구인가요? 여러분의 목적을 고려했을 때 이 글은 어느 부분에서 효과적이고 어느 부분에서 효과적이지 않은가요? 또래 비평을 하기 위해 이 질문에 대한 대답은 글의 초안에 스테이플러로 부착하게 하였다.

비평하는 학생을 위하여: 필자는 어느 정도까지 자신의 목적을 달성했나요? 여러분은 어느 부분에서 가장 흥미를 느끼고 어느 부분에서 흥미를 잃었나요, 그리고 그 이유는 무엇인가요?

인터뷰를 한 학생들과 이 교사가 언급했듯이, 독자가 흥미를 잃었던 부분은 어김없이 생각의 전개, 조직, 단어 선택, 혹은 기법의 여러 측면에 대해 가르침을 줄 수 있는 순간이 되었다. 그렇기 때문에 핵심 질문의 구조와 적극적인 질문의 효과는 전형적인 내용에 대한 학습을 훨씬 유의미하고 시의적절하며 학습자들에게 수용 가능하게 만들어줬다. (이 교사가 지도하는 학생들이 전국 글쓰기 평가에서 같은 지구 내 다른 학생들을 월등하게 앞지른 건 당연하다.)

3. 교사가 성취기준을 분명히 파악하고
우선순위를 정할 수 있도록 도움 주기

　　우리가 아는 거의 모든 교사가 공통된 도전에 직면해 있다. 그것은 바로 학습할 내용의 분량은 상당하지만 그것을 최선으로 가르칠 수 있는 시간은 충분하지 않다는 것이다. 게다가 모든 내용이 일단 구체화되는 경우, 계획과 가르침의 역설적 성격이 작용한다. 교사에게는 모든 것이 중요하고 그 모든 것이 연결되어 있는 것처럼 보인다. 그래서 이 모든 것이 선택된 게 아닌가! 그러나 모든 것이 중요하고 연결되어 있다면 학습자의 입장에서 자명하게 중요한 것은 아무 것도 없다.

　　여러분은 우리가 제시한 기준 중 하나로 핵심 질문이 보다 광범위하고 전이 가능한 생각과 성취기준의 절차를 가리킨다는 사실을 기억할 것이다. 사실 핵심 질문은 그러한 성취기준의 내용에 대한 우선순위를 정하고 핵심 생각들이 더욱 분명해질 수 있는 방식으로 주제에 초점을 맞출 수 있도록 교사에게 실질적인 수단을 제공한다. 교사들이 반복적으로 언급했듯이, 핵심 질문을 이용하여 수업을 하면 초점에서 벗어나지 않고, 겨와 지적인 밀알을 구분하며, 이해(understanding)와 전이(transfer)라는 가장 중요한 목적을 지켜낼 수 있다. (뒤에 나오는 장에서 우리는 핵심 질문을 이용하여 성취기준을 '분석'하고 이에 대한 우선순위를 정할 수 있는 구체적인 기술을 제공하기로 한다.)

　　역사와 과학 과목에서 이에 대한 필요성은 특히 무시하기 힘들다. 교과서는 구성 체계를 거의 제시하지 않을 뿐 아니라 종종 명확한 관련성이나 지적 연관성 없이 학생들에게 끝없이 정보를 제공한다. 교사가 성취기준에 따라 명시된 모든 내용을 '다뤄야 한다'는 강박을 느낀다면 학생들에게 수업을 이해시켜야 한다는 명확한 목표나 생각 없이 우선순위가 없는 자료를 가지고 굉장히 지루한 수업을 하게 될 것이다.

그렇다면 어떻게 해야 할까? 일련의 핵심 질문을 중심으로 전체 교과 과정을 구성한 세계학(global studies) 과목 교사의 예를 제시하도록 하겠다.

교과 과정을 실천하고 수업 내용을 우리 삶과 연관시키기 위하여 일련의 질문이 반복적으로 사용되었다.

1. 우리는 어떻게 자신의 정체를 확인하는가?

2. 우리는 누구를 돌봐야 하는가?

3. 분쟁의 원인은 무엇인가? 어떤 이들이 다른 사람들 위에서 자신의 권력을 남용하는 이유는 무엇인가?

4. 국제 상호의존이 관련된 사람들에게 도움이나 해가 되는가? 우리의 경제적·사회적 결정이 다른 사람들에게 어떤 영향을 끼치는가?

5. 인간은 권리가 있는가? 사람들은 '동등'한가? 모든 사람들이 '권리'가 있으며 '동등'하다는 말은 무슨 의미인가?

6. 우리는 전 세계의 사람들에 대해 어떤 책임을 가지고 있는가? 정부는 국민들에게 어떤 책임을 가지고 있는가? 기업은 사람들에게 어떤 책임을 가지고 있는가?

7. 옳고 그름이 있는가? 옳고 그름이 있다면 우리는 그것을 어떻게 알 수 있는가? 개인이 이 세상에서 진실하게 사는 방법은 무엇인가? 누군가의 선택과 말, 행동은 그 사람의 가치관을 얼마나 반영하는가?

8. 성공적인 삶을 살기 위해 우리는 어떤 습관과 태도를 가질 필요가 있는가? 이러한 세계학 과목의 교과 과정은 어떤 도움이 될 수 있을까?

9. 우리는 어떤 정보를 신뢰해야 하는가? 우리는 무엇을 믿어야 할지 어떻게 알 수 있는가?

10. 과거에 대해 우리가 알고 있는 것을 어떻게 아는가? 역사학자의 주요 도전과 책임은 무엇인가?

연초에 이 교사는 이와 같은 질문을 이용하여 수업 내용을 분석하는 방법을 모형화하고 집단 토론을 장려하였다. 봄이 되어 그는 수업을 학생들에게 넘겼고, 그에 따라 가장 최근의 수업(쿠바의 미사일 위기, 아파르트헤이트,[1] 아랍의 봄)을 핵심 질문에 결부시키는 것은 학생들의 몫이 되었다. '직소(jigsaw)'를 이용하여 소집단은 주어진 주제를 지정된 핵심 질문과 관련지어 연구하고, 도출한 결과를 학급 친구들에게 발표하는 책임을 맡았다. 반복되는 핵심 질문은 학생들이 내용과 개념 간의 풍부한 연계를 더욱 효과적이고 자율적으로 할 수 있도록 교과 과정에 일관성과 타당성을 부여했다.

이처럼 질문을 통해 성취기준에 대한 우선순위를 정하고 나면 일정한 속도로 달리다가 어려움에 부딪쳤을 때 부가적인 이득을 얻게 된다. 몸이 아프거나 눈이 오거나 다른 불가피한 방해 요인으로 인해 계획한 일정이 엉망이 되었을 때, 우리는 몇 가지 핵심 질문을 중심으로 수업을 확립하고 다양한 내용으로 핵심 질문을 보강함으로써 이런저런 사소한 내용들을 포기하는 데 따른 어려움을 훨씬 덜 수 있다. 교사들이 최선을 다해 세운 교육과정에 대한 계획이 완벽한 결과로 이어지는 경우는 많지 않다. 장애물과 과속방지턱, 우회로, 악운이 없는 학년은 없다. 그러나 우선적인 질문을 중심으로 수업을 구성함으로써 우리는 예기치 않은 상황이 발생했을 때도 집중적이고 일관성 있으며 스트레스가 덜한 학습을 지속할 가능성을 훨씬 높일 수 있다.

---

1 남아프리카 공화국의 극단적인 인종 차별 정책과 제도(출처: 두산백과).

4. 학생들에게 투명성 제공하기

학생은 교사보다 훨씬 벅찬 상황에 직면한다. 그들은 완벽한 초보자임에도 불구하고 각각의 새로운 주제나 수업, 활동을 이해해야 할 뿐 아니라 온갖 새로운 자극들이 야기하는 혼란스러움 속에서 가장 중요한 것을 파악해야 한다. 핵심 질문은 교사를 위한 집중적 역할을 수행하는 동시에, 학습자가 새로이 접하는 정보의 세계 속에서 끊임없이 방향을 찾으려 할 때 신호등이나 시금석이 되어준다. 학생이 모든 내용에 대한 틀과 학습의 구성 체계를 몇 개의 질문이 제공한다는 믿음을 가지고 있다면 수업 활동의 방향을 파악하는 과정에서 불안은 상당히 줄어들고 연계성을 스스로 찾을 수 있는 능력이 향상된다.

그랜트는 수년 전 고등학교에서 교편을 잡고 있을 때 학습의 초점을 분명히 하고 학생들의 불안을 완화시켜 주는 질문이 가진 힘을 여러 차례 목격했다. 새로운 단원을 시작할 때 그가 핵심 질문을 학생에게 던지고 이러한 질문이 최종 논술형 평가의 일부가 될 것이라고 설명하면 학생들은 생산적인 모습을 보일 뿐 아니라 눈에 띄게 안도했다. 다음은 그가 영어 수업에서 사용한 핵심 질문의 예다.

읽기: 「벌거숭이 임금님」, 『오이디푸스 왕(Oedipus the King)』, 플라톤의 「동굴의 비유(Allegory of the Cave)」, 『곰돌이 푸』의 「곰돌이 푸와 피글렛, 우즈를 사냥하다(Winnie the Pooh and Piglet Hunt Woozles)」

핵심 질문: 판단력이 있는 사람은 누구이며 분별이 없는 사람은 누구인가?

쓰기: 핵심 질문에 대한 저널과 수필

핵심 질문: 나는 무엇을 말하려고 하는가? 나는 명확하고 설득력 있게 말했는가? 나는 가장 흥미로운 방식으로 말했는가?

읽기는 앞의 질문에 대한 해결의 실마리를 던지고 가능한 대답에 대한 변화하는 관점을 제공하기 위해 신중하게 선택되었다는 사실에 주목하라. 게다가 해당 단원은 완전히 명확했다. 즉, 학생들은 이 핵심 질문(판단력이 있는 사람은 누구이며 분별이 없는 사람은 누구인가?)이 최종 논술형 질문에 대한 근거가 되어 읽기와 쓰기, 토론의 초점을 처음부터 분명하게 할 것임을 알았다.

논술 쓰기의 경우, 학생들은 비허구적인 글쓰기의 강력한 예와 약한 예를 검토하고 자신의 글쓰기를 스스로 평가하고 또래 비평을 하며 판단하기 위한 추가 기준을 도출함으로써 한층 투명성을 높일 수 있었다. (평가 기준표가 널리 사용되기 몇 년 전의 일이었다.)

일부 교사들은 이러한 투명성을 제공하는 것은 스스로 이해력을 발전시키는 학생의 능력을 무력화하기 때문에 사실은 학생에게 해가 된다고 말하며 이의를 제기하였다. 우리는 이러한 관점이 다소 솔직하지 못하다고 생각한다. 대부분의 경험 많고 유능한 교사들은 단원과 강의의 방향을 정확하게 알고 있으며 그에 따라 수업을 구성한다. 목표가 생산적인 학습이라면 강의가 어디로 흘러가는지를 왜 학생들이 알아서는 안 되는가? 투명성의 중요함을 더욱 분명하게 알고 싶다면 장학사가 여러분의 강의를 지켜본 후 수업을 평가할 때 평가에 대한 근거를 여러분에게 알려주지 않는 상황을 가정해보라. 이것은 분명 학습과 평가의 우선순위(그리고 평가의 기준)가 모호하거나 설명하기 힘든 교실에서 수업을 받는 학생들의 상황과 같다. 여기서 우리가 말하고자 하는 바는 단순하다. 하나의 교과 과정이나 단원이 시작할 때부터 투명하게 만들어진 올바른 질문은, 의미를 완성하고 효과적으로 학습하며 탐구에 바탕을 둔 가치 있는 결과와 성취를 이루려는 학생의 능력에 방해가 되기보다 기여를 한다는 사실이다.

5. 초인지를 독려하고 모델 제공하기

핵심 질문은 학생과 교사를 위해 학습의 초점을 분명히 하는 것 이상의 역할을 한다. 핵심 질문은 특히 학생이 높은 수준의 독립적인 학습을 할 때 따르고 체득해야 할 사고의 유형을 구체적으로 보여준다. 간단히 말하자면, 핵심 질문은 학생에게 어떤 종류의 질문을 스스로 할 수 있어야 하는지 모범을 보여준다.

이것은 학생이 학습해야 하는 모든 질문을 제시하는 것은 현명하지 못하다고 생각하는 한 가지 이유이기도 하다. 결국 학습과 사고를 증진하기 위한 가장 생산적인 질문을 아는 사람은 전문가다. 학생이 자신만의 질문을 제기하고 추구할 수 있고 그렇게 하도록 확실히 권장 받는다고 하더라도 최고의 핵심 질문은 전문가의 의문과 훈련된 탐구에 대한 통찰을 반영한다. (우리는 더 나아가 학생의 역할을 4장에서 언급하는 질문과 탐구의 선동자로 여긴다.)

이러한 사실은 조지 폴리아(George Polya, 1957)가 수십 년 전 수학 문제 해결에 대한 중요한 연구의 틀을 형성하기 위해 제시하여 유명해진 핵심 질문에서 명확히 드러난다.

- 미지인 것은 무엇인가? 데이터는 무엇인가? 조건은 어떠한가?
- 관련 문제를 알고 있는가? 예전에 해결했고 여러분이 풀려는 것과 관련이 있는 문제가 있다. 그것을 사용할 수 있는가?
- 이 문제를 다시 다른 방식으로 말할 수 있는가?
- 각 단계가 올바르다고 장담할 수 있는가? 그것이 올바르다고 증명할 수 있는가?
- 결과를 확인할 수 있는가? 그 논거를 확인할 수 있는가?
- 그 결과를 다르게 도출할 수 있는가?
- 그 결과를 다른 문제에 적용할 수 있는가?

사실 그가 쓴 책의 핵심은 교사의 의문에서 시작하는 이와 같은 질문들이 궁극적으로 학생이 도전적인 문제에 직면할 때마다 던지는 질문이 되어야 하는 이유와 방법을 보여주는 데 있다.

보다 일반적인 의미는 여기서 다뤄질 수 있다. 핵심 질문은 개념과 주제, 쟁점, 가치의 탐구를 위해서만 마련하는 것이 아니다. 폴리아의 질문이 보여주듯이, 오히려 유능한 전문가들이 사고를 증진하고 연구를 하며 성과를 향상하기 위해 스스로에게만이 아니라 서로에게 묻는 과정 및 전략적 사안들과 관련이 있다. 이것은 역사나 과학에서만큼 수학과 초기 문식성, 외국어, 체육, 공연 예술과 같은 기능적인 영역에서도 핵심 질문이 굉장히 중요한 이유가 된다. 특별히 불확실성과 혼란이 한창일 때는 어느 분야에서건 성공은 전략과 태도, 결과의 의미와 관련하여 올바르게 전문가다운 질문을 하는 법을 배우는 것에 달려 있다.

맞서야 할 진정한 문제가 없다면 폴리아가 제기한 것과 같은 질문들은 고려할 가치가 없다는 사실 또한 주목할 만하다. '기계적으로 접근'만 하면 된다면 전략이나 탐구를 할 필요가 없다. 그러나 이러한 경우 교육은 불완전한 것이 된다. 기능은 수단이지 목적이 될 수 없다. 핵심은 학습한 것을 전달하고 도전적인 상황에서 훌륭히 수행하는 법을 배우는 것이며, 이를 위해서는 전략—특히 (폴리아의 질문이 강조했듯이) 장애와 불확실에 직면했을 때—이 필요하다. 학습하는 과목이 수학이든, 축구든, 음악이든 간에 기본적인 기능을 익힐 때조차 어떠한 기능을 언제 사용해야 하는지와 같은 전략에 대한 끊임없는 질문(그리고 코치들 간의 논쟁)이 생긴다.

6. 학문 내, 학문 간 연계의 기회 제공하기

많은 교육자들은 학생이 같은 과목 안에서, 그리고 서로 다른 과목 간에 자신이 하는 학습이 어떻게 연결이 되는지 알 수 있도록 돕기 위해 모색하며, 핵심 질문은 이에 대한 자연스럽고 적절한 연결점을 제공한다. '적절한 연결점'을 언급하는 것이 자의적인 주제를 둘러싼 학문 내, 학문 간 연결 구축을 의미하는 것은 아니다. 우리는 교사와 교육과정 개발팀이 좋은 의도였다고 주장함에도 불구하고, 강제적이고 인위적이며 자의적이고 피상적인 '통합형' 단원이 편성되는 경우를 수없이 목격했다.

다음은 이러한 경우와 관련하여 실제 있었던 이야기다. 학문 간 연계에 전념해온 한 중학교 팀이 빅토리아 시대에 대한 단원을 설계했다. 영어/언어 과목 교사는 학생들에게 디킨스(Dickens)의 소설을 읽으라고 했으며, 사회 과목 교사는 19세기 영국 역사와 관련하여 떠돌던 소문을 분석하도록 했다. 예술 과목 교사는 해당 시대의 그림과 조각을 학생들에게 보여준 뒤 학생들이 그것을 따라 그리거나 만들도록 했다. 그러나 수학 교사는 연계 수업에 동의하지 않았다. 그녀는 자신의 과목과 해당 주제에 대한 연결점을 찾지 못했고, 이러한 수업에 참여하기를 거부했다. 불만을 가진 다른 교사 중 한 명이 "가르칠 만한 빅토리아 시대의 수학이 있을 거 아니에요!"라고 말했다. 이 팀에는 다소 불만이 생겼고, 수학은 결국 참여하지 않게 되었다. (다행스럽게도 과학은 애초에 배제되었다.) 이 이야기는 강제적이고 자의적인 학문 간 연결과 관련하여 유별나게 어처구니없는 예이지만, 충고가 담긴 교훈을 준다.

대부분의 자연스럽고 생산적인 연결은 전이 가능한 폭넓은 개념과 이와 함께 동반되는 핵심 질문을 중심으로 형성된다는 것이 우리의 입장이다. 몇 가지 핵심 질문을 중심으로 단원이 구성된 경우를 생각해보자. 이를테면 다음과 같은 질문이다. 예술과 과학은 어느 정도까지 시대를 반영하는가? 부유한 이는 누구이며 가난한 이는 누구인가, 그리고 그 이유는 무엇인가? 한 나라의 부와 영향력은 어느 정도까지 측정되어야 할까? 우리는 과거를 통해 무엇을 배울 수 있는가? 이와 같은 질문을 중심으로 만들어진 단원은 (어떠한 강제성도 없이) 목표로 한 학문 간 연결을 보여주면서 훨씬 지적인 수업으로 이어졌을 것이다. 또한 이와 같은 질문은 혁명 전 프랑스, 20세기 미국, 기술과 과학의 비약적 발전과 관련한 역사와 경제학처럼 다른 내용에 대한 단원에 사용될 수도 있음을 명심하라. 사실 다른 시대와 쟁점에 해당 질문을 적용할 수 있는 능력의 여부는 제시된 연결점의 적절성과 자의성을 판단하는 좋은 시험대다.

핵심 질문의 연결 능력은 단원이 과정에 초점을 둔 질문을 바탕으로 구성될 때 훨씬 커진다. 과정에 초점을 둔 질문은 다음과 같다. 어떤 정보가 이 질문을 가장 잘 해결할 것인가? 내가 알지 못하는 것에 대한 답을 어떻게 찾을 수 있는가? 내가 찾은 정보 중 믿을 만한 것을 어떻게 알아낼 것인가? 내가 고려해야 할 또 다른 관점은 무엇인가? 내가 학습한 것을 가장 잘 보여줄 수 있는 방법은 무엇인가?

7. 의미 있는 차별화 뒷받침하기

학생들을 가르칠 때 기본적인 현실은 학생마다 사전 지식과 기술 수준, 경험, 흥미, 선호하는 학습 방식, 성취도를 보여주는 방법이 (때로는 상당히) 다양하다는 것이다. 상대적으로 단일 민족의 학생들로 구성된 학교에서조차 학습자 간 능력과 흥미, 욕구의 차이가 상당할 수 있다. 핵심 질문을 통해 학습의 틀을 구성해야 하는 또 다른 타당한 이유는 이러한 다양성의 불가피함과 관련이 있다.

독자들이 보기에 차별화의 방안으로 각각의 다른 학습자 집단에 대하여 각기 다른 핵심 질문을 추천하지 않는다는 것이 이상할 수 있다. 성취도에 따라 유연하게 학생을 나눌 수 있는 합리적인 기술 지도와 달리 우리는 모든 부분에 대하여 동일한 핵심 질문을 사용할 것을 제안한다. 물론 일부 학생은 다른 학생보다 질문에 대해 더 깊이 생각하거나, 더 빨리, 심도 있게 이해할 가능성이 있다. 그러나 이것이 모든 학습자가 중요한 질문을 접해야 하는 것은 아님을 의미하는 건 아니다. 예를 들어, 우리는 계산의 수학적 생각을 탐구할 때 모든 초등학생이 수(數)는 무엇인가?와 우리는 모든 것에 수를 대입할 수 있는가?라는 질문에 대해 생각하기를 원한다. 마찬가지로 우리는 모든 중학생이 단어의 기술적인 한계가 있는가? 무엇이 노래를 기억 속에 남게 만드는가? 단답이 충분하지 않을 때는 언제인가?와 같은 핵심 질문을 접하도록 해야 한다.

차별화된 수업의 선도자인 캐롤 앤 톰린슨(Carol Ann Tomlinson)은 교사가 학생에게 그들의 학습 능력을 존중하고 있다는 것을 보여줄 것을 권장한다(Tomlinson & McTighe, 2006). 이는 핵심 질문의 꾸준한 사용을 통해 실천할 수 있다. 학생에게 동일한 핵심 질문을 제시함으로써 우리는 그들의 지성과 사고력을 존중하고 있다는 신호를 보낼 수 있다. 낮은 기대치를 보여 다른 학습자들로부터 무시를 받을 수 있는, 미흡한 성취도를 보이는 학생들에게는 특정 질문을 단순화하는 대안을 사용할 수 있다.

내용 지도와 관련하여 각기 다른 집단의 학생들에게 똑같은 핵심 질문을 사용함으로써 생기는 이점이 있다. 불가피하게 일률적인 지도를 할 때 우수한 학생은 지루함을 느끼는 반면, 기량이 떨어지거나 자신감이 부족한 학생은 혼란을 느끼거나 뒤처질 수 있다. 그러나 핵심 질문을 중심으로 수업을 구성하면 이렇게 반응이 상반되는 상황을 개선할 수 있다. 세계학 과목의 예를 다시 보도록 하자. 모든 질문이 다가가기 쉬우며, 학생들은 이 중에서 흥미를 느낄 수 있는 질문을 최소한 두세 개 찾을 수 있다. 이러한 질문을 계속해서 반복적으로 다루면 학습 내용을 이해하기 힘들어하거나 뒤처져 있던 학생들이 다양한 접촉점을 찾고 해당 주제에 '재진입'할 가능성이 훨씬 높아진다. 내용이 아닌 질문이 지속적인 중점 사안이기 때문에 실력이 부족한 학생조차 전형적인 교과 과정에서는 좀처럼 느낄 수 없는 자신감과 능숙함을 갖추게 되고 한두 개의 질문에 대한 전문가가 충분히 될 수 있다.

8. 내용 전달이 아니라 배움을 끌어내는 수업하기

우리가 언급한 이점과 고차원적인 질문의 긍정적 효과에 대해 충분히 입증한 연구가 있음에도 불구하고, 우리와 함께 일하는 다수의 선한 교사들은 핵심 질문을 권장 받으면 금세 불편한 기색을 보인다. 그들은 말한다. "바람직하고 좋죠. 하지만 학생들이 탐구와 토론, 논쟁을 할 시간을 확보하기에는 다뤄야 할 내용이 지나치게 많아요. 게다가 시험도 있는데, 시험에는 그런 질문들이 나오지 않아요. 하지만 우린 그 시험을 준비해야 하죠."

외람되지만 우리 생각은 좀 다르다. 애당초 교육자의 사명은 단순히 내용을 다루는 것이 아니다. 우리의 역할은 단순히 무언가를 언급하는 것이 아니라 배움을 끌어내는 것이다. 우리의 책무는 중요한 개념과 학습 내용의 추이를 알아내어 학생이 유익한 연결을 만들어내고 학습한 것을 의미 있는 방식으로 전환할 수 있는 능력을 갖추도록 하는 것이다. 우리가 근본적으로 우리의 역할을 내용의 전달자로 인식한다면 빠른 속도의 수업 진행이야말로 최상의 지도 방법이 되는 셈이다! 그러나 학생이 학습한 내용의 의미를 완성하고 그것을 이해하는 데 참여시키기를 원한다면 핵심 질문이 내용을 숙달하는 동기가 될 수 있다.

책무성 시험에 대한 우려에 대해 말하자면, 우리는 고부담 시험과 점수 향상을 위한 요구에 대한 잘못된 이해가 이러한 걱정을 통해 드러난다고 오랫동안 주장해왔다. 이는 교사가 현재 진행 중인 의미 있는 학습을 희생하고 대신 시험에 대비하여 학생을 연습시켜야 한다는 압박을 (종종 근시안적인 행정가로부터) 받고 있는 우리 교육 체제에 대한 안타까운 비판이다. 연구 결과에 따르면,

수업과 지역 평가에서 고차원적인 질문의 양을 늘리는 것이야말로 표준화 시험에 대한 학생들의 성취도를 매우 향상시킨다(Marzano, Pickering & Pollock, 2001; Newmann, 1991). 또한, 선다형 항목을 주로 선호한다는 이유로 현재의 책무성 시험이 기억과 인지를 요구하는 낮은 수준의 질문을 주로 포함한다고 결론을 내리는 것은 잘못이다. 시험 결과를 분석하고 주(州) 시험에서 공개된 항목을 검토한 미국의 전국 학업 성취도 평가(National Assessment of Educational Progress: NAEP)와 국제적 평가(TIMMS, PISA)는 가장 보편적으로 놓치고 있는 질문들이 다단계 논법 및 추론—대체적으로 전이(transfer)—과 관련이 있다는 사실을 결론적으로 보여준다. 학습한 것을 새로운 글이나 문제 진술에 적용하는 법을 배운 학생만이 앞서 말한 항목을 잘 수행할 수 있다. 범위와 주입식 학습은 시험 결과에 긍정적 영향을 끼치지 못할 것이다. 사실 표준화 시험 결과를 향상시키기 위한 준비가 실망스러울 정도로 실패하는 경우가 종종 있는데, 그럴 때에는 이러한 접근법 뒤에 있는 불확실한 논리에 의문을 제기해야 한다.

그렇기 때문에 구체적인 지식과 기능, 내용의 이해를 추구하는 책무성을 강조하는 교육 체제에서는 질문을 바탕으로 한 교육과정의 틀을 세우자는 데 논쟁의 여지가 없다. 이해와 전이는 학습자의 적극적인 의미 구성을 요구하고, 융통성 있는 장기적이고 유연한 기억은 내용 지식을 위치시키는 사고의 지적인 틀을 필요로 하기 때문에 이해를 하기 위해 학습한 학생만이 엄격한 시험에서 높은 성취도를 보일 수 있다.

우리는 이제 여러분이 핵심 질문은 무엇이며 학습을 할 때 그것이 왜 중요한지—이를테면 핵심 질문의 '이론'—에 대해 훨씬 잘 이해하리라고 믿는다. 그렇기 때문에 우리는 3장에서 실천에 대한 문제를 다룰 것이다. 좋은 핵심 질문은 어디서 오는가? 특정 과목과 교과 과정에 사용하기 위해 어떤 종류의 문제를 고려할 수 있을까? 우리는 최상의 학습을 구상하기 위해 핵심 질문을 어떻게 설계할 것인가?

FAQ

Q 읽기와 수학 시험 문제가 고차원적인 사고와 전이(예: 새로운 지문 해석과 다단계 단어 문제 해결하기)를 요구한다고 할지라도 대부분의 사회와 과학 문제는 사실에 대한 회상과 관련이 있는 것으로 보입니다. 핵심 질문의 사용과 탐구는 이러한 종류의 시험에 대비하여 어떻게 학생을 준비시킬까요?

A 많은 시험 문제가 기억 회상과 낮은 수준의 사고와 관련이 있다는 사실에 동의합니다. 하지만 '범위'와 시험 준비가 이와 같은 시험 항목에 대한 대비를 학생이 할 수 있도록 돕는 최고의 방법이라고 결론을 내리는 것은 결코 논리적이지 않습니다. 이것은 원인과 결과를 혼란스럽게 만듭니다. 범위를 옹호하는 두 가지 함축적 전제는 "내가 특정 범위를 다루면 여러분은 그 내용을 알게 되고 자극을 통해 시험에서 수월하게 되새기게 될 것이다."와 "그렇기 때문에 이것은 가장 효율적인 시험 준비다."입니다. 하지만 우리 수업을 들은 훌륭한 학업 성취자와 미흡한 학업 성취자에 대해 살펴본 결과, 우리는 이러한 주장을 지지할 수 없습니다. 정신적 체계와 내용의 우선순위를 정하는 능력이 없고 이전의 내용 및 경험과의 연결점을 찾지 못하는 학생은 초기 학습이 어렵고 장기 기억에 기댈 수 없다는 사실을 알 것입니다. '범위에 신경 쓰는 사람'은 성과를 내리라는 희망을 가지고 투입과 산출을 혼동합니다. '언급을 통한 가르침'은 명석하고 기량이 뛰어나며 동기 부여를 받은 학생에게만 효과가 있습니다.

외부 시험 문제가 교사가 지역 평가에서 사용하는 문제와 다르다면 교사가 다루는 범위로부터 기대할 수 있는 결과는 훨씬 불만족스러울 것입니다. 전이 능력에 대한 연구가 분명히 밝혔듯이, 오직 단순 암기를 목적으로 학습한 학생은 익숙하지 않거나 새로운 시험 문제를 다루는 데 거의 성공하지 못합니다.

결국 우리는 공개된 주(州) 시험과 비교하여 지역 시험에 대한 우리의 평가에 주목할 것입니다. 지역 시험은 주 평가 질문의 엄격함은 배제한 채 형식만 모방합니다. 상당히 높은 성취도를 보이는 지구에서조차 지역 시험은 주 시험이나 국가시험에 비해 고차원적인 질문의 비율이 낮은 경우가 많습니다.

3장

어떻게 핵심 질문을 설계하는가

| 핵심 질문을 만드는 직접적인 방법은 성취하고자 하는 이해로부터 도출해내는 것이다. 이해는 학습자가 결론을 내리거나 인정하거나 확인하는 데 도움이 되는 유도된 추론에 의해서만 얻을 수 있다.

여러분이 핵심 질문의 특징과 목적에 대해 더욱 잘 이해했기 때문에 이제 핵심 질문의 설계로 관심을 돌려보겠다. 이 장에서 우리는 다음의 질문을 다루려 한다. 학습 단원의 틀을 만들기 위해 어떻게 핵심 질문을 제기할 수 있을까? 핵심 질문을 만들 때 어떤 설계 전략과 조언을 염두에 두어야 할까? 기존의 질문을 더욱 '핵심적'으로 만들기 위해 해당 질문을 어떻게 수정해야 할까?

1. 학습 내용이 '답'이라면…

1장에서 논의하였듯이, 핵심 질문 개발을 위한 우리의 접근법은 다음의 사고 실험을 통해서 확인할 수 있다. 성취기준 문서에 제시되어 있는(혹은 교과서에 수록된) 내용에 학습해야 할 '답'이 명시되어 있다면 이러한 답을 끌어낸 질문은 무엇이었는가? 예를 들어, '정부의 삼권 분립'과 관련한 학습이 결과라면 학생들이 이것에 대한 근본적인 개념과 가치를 이해할 수 있도록 도움을 주는 질문은 무엇이었는가? 다음과 같은 질문은 어떠한가? 정부 권력의 균형은 왜 필요한가? 권력의 남용을 어떻게 막을 수 있을까? 어떻게 지도자들을 '점검하고 비교 평가'할 수 있을까? 이와 같은 핵심 질문으로부터 우리는 이 주제에 대한 보다 구체적인 질문을 제시할 수 있다. 연방주의자들은 왜 힘의 균형을 지지했으며 반대 측 주장은 무엇이었는가? 미국 정부의 삼권분립 구조는 얼마나 효과적이며 이에 대한 실행 가능한 대안은 무엇인가? 우리는 또한 더욱 일반적인 질문을 던질 수 있다. 힘을 배분하는 것이 현명할 때는 언제인가? 힘을 배분함으로써 우리는 언제 힘을 얻을 수 있는가(그리고 언제 힘을 잃을 수 있는가)? 힘의 균형은 불가피하게 정부의 마비 상태를 이끄는가?

여기서 핵심은 단도직입적이다. 이와 같은 방식으로 내용을 따져 물음으로써 우리는 학습자가 의미를 완성하고 내용의 의미와 중요성을 이해할 수 있도록 하는 것이다. 이와는 달리, 우리는 학생으로 하여금 정부 권력은 셋으로 나뉘고 각각의 역할이 있다는 사실을 외도록 할 수도 있었다. 그러나 이러한 방법이 얼마나 흥미롭고 효과적일 수 있을까? 이와 같은 주입식 학습으로 학생이 우리 정부와 관련된 현재와 미래의 쟁점을 이해하도록 할 수 있을까? 당연히 그렇지 못할 것이다.

2. 핵심 질문 개발을 위한 성취기준 분석하기

핵심 질문은 국가, 주, 지방의 성취기준을 바탕으로 할 수 있다. 이러한 성취기준을 '분석'하기 위한 효율적이고 효과적인 과정을 제시하려 한다. 일련의 성취기준을 검토하고 제시된 핵심 동사와 명사(특히 반복되는 명사)를 파악하라. 성취기준 문서에 등장하는 핵심 동사와 관련된 명사는 중요한 개념을 가리키는 경우가 많으며, 이러한 개념은 학생이 탐구해야 하는 중요한 질문의 근간을 형성할 수 있다. [표 3-1]은 영어/언어 및 수학 과목의 공통 핵심 성취기준(Common Core State Standard)과 과학 과목의 차세대 성취기준(Next Genera-

[표 3-1] 핵심 질문을 만들기 위한 성취기준 분석

영어/언어 과목 주요 기준, 읽기—핵심 아이디어와 세부 내용	관련 핵심 질문
1. 글이 명시적으로 말하고자 하는 바를 **파악하고** 이것으로부터 **논리적 추론**을 도출하기 위해 **꼼꼼하게 읽는다**. 글을 쓰거나 말할 때 세부적인 글의 증거를 인용하여 글에서부터 **도출한 결론**을 뒷받침한다.	• 글의 내용을 바탕으로 어떤 논리적 추론을 끌어낼 수 있는가? • 글에서 나의 생각을 뒷받침하는 구체적인 근거는 무엇인가?
2. 글의 **중심 생각이나 주제**를 **파악하고** 이것이 어떻게 **전개되는지 분석한다**. 중심 생각이나 주제를 **뒷받침하는 주요 세부 내용과 생각**을 요약한다.	• 글 전반에 전개된 중심 생각은 무엇인가? • 이 생각은 어떻게 전개되는가? • 중심 생각에 대한 나의 의견을 뒷받침하는 글의 세부 내용은 무엇인가?
수학 과목 내용 성취기준	**관련 핵심 질문**
1. **덧셈을 합하는 것과 추가하는 것**으로 이해하고 **뺄셈을 분해하는 것과 제거하는 것**으로 이해한다.	• 이와 같은 부분들로부터 어떠한 전체가 만들어질 수 있는가? • 남는 것은 무엇인가? • 무엇을 제거해야 하는가?
2. **함수를 정의하고 평가하며 비교한다**. 수량 간의 관계를 **모형화하는** 함수를 이용한다.	• (모호한 데이터에 대응하여) 함수 관계가 존재하는가?
수학 과목 수행 성취기준	**관련 핵심 질문**
1. 문제를 **이해하고 인내심을 가지고** 문제를 푼다.	• 문제를 효과적으로 푸는 사람은 어떻게 하는가? • 난관에 부딪혔을 때 어떻게 해야 하는가?
2. **적절한 도구**를 전략적으로 사용한다.	• 효율성과 효과성이 목표라면 여기서 사용해야 할 가장 적절한 방법 및 도구는 무엇인가? • 더욱 효율적이고 정확한 학습에 도움이 되는 도구는 무엇인가?
차세대 과학 과목 성취기준	**관련 핵심 질문**
1. 힘이 **사물의 형태와 방향**에 끼치는 **영향을 파악하기** 위해 **연구를 계획하고 수행한다**.	• 움직임이 그러한 방향으로 이루어진 이유는 무엇인가? • 이것이 그러한 방식으로 생긴 이유는 무엇인가? • 이 결과에 영향을 끼친 두드러진 힘은 무엇인가?

* 공통 핵심 성취기준 출처: National Governors Association Center for Best Practices and Council of Chief State School Officers.

tion Standard) (초안)의 몇 가지 예시를 보여주며, 핵심 동사는 기울임꼴의 굵은 활자로, 핵심 명사는 굵은 활자로 표시되어 있다.

이와 같은 과정은 특정 자료에서 도출한 성취기준과 결과를 분석하기 위해 사용될 수 있다. 예술과 체육 과목의 성취기준과 관련한 또 다른 예들이 총체적 질문 및 한정적 질문과 함께 아래와 같이 제시되어 있다.

성취기준: **춤**을 의미 창조와 소통의 수단으로 *이해*하기.
(National Art Education Association, 1994)
총체적 핵심 질문: 예술가는 자신이 생각하고 느끼는 것을 가장 잘 표현하기 위해 어떻게 하는가? 매체가 메시지에 어떻게 영향을 끼치는가?
한정적 핵심 질문: 춤을 통해 어떤 생각과 감정을 전달할 수 있는가? 동작은 정서를 어떻게 전달할 수 있는가?

성취기준: 동작의 **개념**과 **원리**를 운동기능의 **학습**과 *개발*에 *적용*시킨다.
(National Association for Sport and Physical Education, 2004)
총체적 핵심 질문: 어떤 반응이 기량을 최대로 끌어올리고 향상시킬 것인가? 어떤 종류의 훈련이 '완벽을 만들어내는가'?
한정적 핵심 질문: 통제력을 잃지 않고 최대의 힘으로 강타할 수 있는 방법은 무엇인가? 거리와 속도, 정확성을 최대화할 수 있는 것은 무엇인가?

이러한 방식으로 성취기준을 분석해보도록 하라. [성취기준 분석에 대한 더 많은 정보를 알고 싶다면 모듈 I(Wiggins & McTighe, 2012)과 『이해 중심 교육과정: 입문』(ASCD PD 온라인 과정)을 참고할 것.]

3. 성취하고자 하는 이해로부터 핵심 질문 도출하기

1장에서 언급했듯이, 핵심 질문은 교육자로서 우리가 학생이 이해했으면 하고 바라는 중요한 폭넓은 개념과 관련이 있다. 이러한 개념은 모든 학문의 중심에 있다. 이것은 시대와 주제를 초월하여 개념(예: '평평'한 현대 사회[1]), 주제(예: 사랑은 모든 것을 지배한다), 쟁점과 논쟁(예: 본성 대 양육), 역설(예: 풍요 속의 빈곤), 복잡한 처리(예: 과학적 격리와 변수의 통제), 지속적인 문제와 도전(예: 지구 온난화), 영향력 있는 이론[예: 명백한 운명(Manifest Destiny)], 확립된 정책(예: 법적 은퇴 연령), 주요 가설(예: 시장은 합리적이다), 혹은 상이한 관점(예: 테러리스트 대 자유 수호자) 안에서 구체적으로 나타난다. 이러한 범주는 가능한 핵심 질문을 만들어내는 데 상당히 기여한다. [표 3-2]는 영양을 주제로 한 예시를 보여준다.

이해란 여러분이 여러분의 학생으로 하여금 탐구의 결과로서 성취하도록 바라는 폭넓은 개념에 관한 명확한 통찰, 추론, 혹은 결론이다. 『이해 중심 교육과정』(Wiggins & McTighe, 2005)에서 우리는 교육과정을 계획할 때에는 완전한 문장으로 기술하여 성취하고자 하는 이해—특히, 여러분이 여러분의 학생으로 하여금 개념과 관련하여 이해하도록 바라는 것—의 틀을 만들 것을 권장한다. 예를 들어, "나는 나의 학생들이 성문법과 글로 쓰인 법규가 민주주의에서 시민의 권리를 보호하는 핵심적인 역할을 한다는 것을 이해하기를 원한다."라는 식으로 교육과정 계획을 구상할 수 있다.

이해는 사실이 아니라 추상적인 개념이기 때문에 전통적인 관점에서 봤을 때 '가르칠 수 있는' 대상이 아니다. 이해는 학습자가 결론을 내리거나 인

---

1 미국의 저널리스트인 토마스 프리드먼(Thomas L. Friedman)이 통신기술의 발달과 무역장벽의 철폐로 물자와 서비스를 자유롭게 주고받게 된 현대 세계의 특성을 "평평하다(flat)"고 비유한 것에서 나온 개념.

[표 3-2] 영양을 주제로 개념적 범주로부터 핵심 질문 도출하기

개념적 범주	예시	핵심 질문
개념	비만	이상적인 몸무게란 무엇인가?
주제	'균형 잡힌' 식단	우리는 무엇을 먹어야 할까?
이론	다이어트는 수명에 영향을 끼친다.	나의 식단이 내 삶에 영향을 끼치는가?
정책	설탕이 든 음료와 주류에 대해 정부가 부과하는 세금이나 금지 정책	정부는 사람들이 먹고 마시는 것에 대하여 참견할 권리가 있을까?
쟁점/논쟁	합성 비타민과 유전자 변형 곡물의 가치	'자연적인 것'이 더 좋은 것인가?
가설	하루에 세끼 식사를 하는 것이 가장 이상적이다.	우리는 얼마나 많이, 그리고 얼마나 자주 먹어야 하는가?
관점	아메리칸 에그 보드(American Egg Board)[2]: "믿을 수 없을 정도로 좋은 식품, 달걀" 미국심장협회(American Heart Association): "콜레스테롤 통제하기"	식단과 관련하여 우리는 누구를 신뢰할 수 있을까?

정하거나 확인하는 데 도움이 되는 유도된 추론에 의해서만 얻을 수 있다. 이 점은 이해를 위한 교육에서 핵심 질문이 담당하는 중요한 역할을 암시한다. 이 책의 제목이 말하듯, 핵심 질문은 학생에게 학습 이해의 문을 열어준다. 즉, 핵심 질문을 반복적으로 탐구함으로써 학습자는 이해에 '다가갈' 수 있는 가능성을 높일 수 있다. 다시 말하자면, 핵심 질문은 학생이 추상적이거나 연결되지 않은 상태로 남을 수 있는 개념과 사실로부터 의미를 구축할 수 있도록 도움을 준다.

그렇기 때문에 핵심 질문을 만드는 직접적인 방법은 성취하고자 하는 이해로부터 도출해내는 것이다. [표 3-3]에서는 다른 과목을 예로 제시하였다. 물론 그 반대도 가능하다. 이해는 핵심 질문으로부터 끌어낼 수 있다.

....
2 미국의 달걀 유통업체.

[표 3-3] 성취하고자 하는 이해로부터 핵심 질문 도출하기

성취하고자 하는 이해	가능한 핵심 질문
다양한 문화권의 위대한 문학은 불후의 주제를 탐구하고 인간의 상황에서 되풀이되는 현상을 보여준다.	• 다른 장소와 시대에 쓰인 이야기는 우리에게 무엇을 말해주는가?
통계적 분석과 정보는 종종 우리가 확신의 정도로 예측을 할 수 있도록 데이터의 규칙을 보여준다.	• 여러분은 미래를 예측할 수 있는가? • 다음에는 무슨 일이 발생할 것인가? 어떻게 확신하는가?
인간은 언어적, 비언어적 메시지를 동시에 처리한다. 언어적, 비언어적 메시지가 일치할 때 여러분의 소통은 더욱 효과적이 된다.	• 무엇이 위대한 연설가를 위대하게 만드는가? • 위대한 연설가는 비언어적 메시지를 어떻게 사용하는가?
진정한 우정은 행복한 시기가 아니라 힘든 시기에 드러난다.	• '진정한 친구'는 누구이며, 이를 어떻게 알 수 있을까?
설득을 효과적으로 하는 사람들은 청중의 욕구, 흥미, 경험에 부합하는 기술을 사용한다. 그들은 또한 반대 입장을 예상하고 반박한다.	• 어떻게 하면 설득을 더 잘할 수 있을까?

4. 총체적 질문으로부터 핵심 질문 만들기

첫 장에서 핵심 질문은 그 규모와 범위가 다양하며 보다 광범위한 핵심 질문은 주어진 단원의 주제와 때로는 과목의 범위마저 초월하기 때문에 '총체적'이라고 여겨진다고 언급하였다. 총체적 질문은 일반적으로 구체적인 주제를 탐구하기 위해 사용될 수 있는 질문보다 범위가 넓다고 할지라도 학습 단원의 한정적인 핵심 질문을 만드는 데 상당히 기여할 수 있다. 좀 더 일반적인(총체적) 질문으로부터 (학습 단원의) 한정적인 핵심 질문을 도출할 수 있는 방법을 알기 위해 [표 3-4]에 제시된 예를 보자.

코네티컷(Connecticut) 주 미들베리(Middlebury)의 폼퍼로그(Pomperaug) 15학군에서 개발한 수학 과목의 총체적 핵심 질문은 다음과 같다.

[표 3-4] 총체적 질문으로부터 한정적 핵심 질문 도출하기

과목	총체적 핵심 질문	한정적 핵심 질문
문학	• 훌륭한 이야기를 만드는 것은 무엇인가? • 유능한 작가는 독자의 관심을 어떻게 사로잡고 유지하는가?	**추리소설에 관한 단원** • 추리소설 장르의 특징은 무엇인가? • 훌륭한 추리소설 작가는 독자의 관심을 어떻게 사로잡고 유지하는가?
시민론/정부	• 우리는 어떻게, 그리고 어떠한 이유로 정부의 권력을 점검하고 그것의 균형을 유지하는가?	**헌법에 관한 단원** • 헌법은 어떠한 방식으로 정부의 권력이 남용되는 것을 제한하는가?
시각예술	• 예술은 어떠한 방식으로 문화를 형성하고 반영하는가? • 예술가는 어떻게 자신의 생각을 표현하기 위한 도구와 기술, 재료를 가장 현명하게 선택하는가?	**가면에 관한 단원** • 가면과 그것의 사용은 해당 문화에 대하여 어떤 점을 보여주는가? • 여러 문화에서 가면을 만들기 위해 어떤 도구와 기술, 재료가 사용되는가?
과학	• 유기체의 구조는 어떻게 유기체가 자신이 속한 환경에서 생존할 수 있도록 하는가?	**곤충에 관한 단원** • 곤충의 구조와 행동은 해당 곤충의 생존을 어떻게 도와주는가?
사회	• 사람들은 왜 이동하는가?	**이주에 관한 단원** • 오늘날 국제적 이주를 야기하는 요인은 무엇인가?
수학	• 공리들이 경기의 법칙과 같다면 우리는 그 경기를 가장 잘 수행하기 위해 어떤 공리를 사용해야 하며 언제 그 법칙을 바꿔야 하는가? • 필요하고 중요한 '기정 사실'을 임의의 '기정 사실'로부터 구별하는 것은 무엇인가?	**평행선 공리에 관한 단원** • 공리는 이처럼 복잡해야 하는가? • 이 공리는 얼마나 중요한가? 무엇 때문에 그것은 그렇게 중요한가?

• 상황과 사건, 현상을 수량화하고 비교하기 위해 수학은 어떻게 사용되는가?

• 사물이나 과정의 수학적 속성은 무엇이며, 그것은 어떻게 측정되거나 계산되는가?

• 모양과 크기와 같은 공간적 관계는 실제 상황을 도출하고, 구성하며, 모형화하고, 반영하거나 문제를 해결하기 위해 어떻게 사용되는가?

• 변화를 측정, 모형화, 계산하기 위해 수학은 어떻게 사용되는가?

- 우리가 수집하는 정보의 규칙은 무엇이며 그것들은 어떻게 유용한가?
- 데이터를 해석하고 예측하는 데 도움이 되는 모형을 제공하기 위해 수학이 어떻게 사용될 수 있을까?
- 데이터의 정확한 의미가 특정 독자에게 간결하게 제시되도록 하기 위해서 해당 데이터를 어떻게 표현할 수 있을까?
- 수학적 모형의 그래프와 데이터는 우리가 살고 있는 세상에 대한 이해를 높이는 데 어떤 기여를 하는가?
- 문제를 효과적으로 푸는 사람은 어떻게 행동하며, 난관에 부딪혔을 때에는 어떤 행동을 하는가?

일단 이와 같은 총체적 질문들이 확인되자 수학 교사들은 이 일련의 질문으로부터 거의 모든 학년 수준의 개념과 기술을 다룰 수 있는 문제를 성공적으로 끌어낼 수 있다는 사실을 알게 되었다. 그래서 그들은 모든 단원 주제에 대하여 새로운 질문을 제시할 필요가 없게 되었다! 이와 같은 총체적인 핵심 질문은 더욱 복잡한 내용과 연관이 될 때 여러 학년에 걸쳐 효과적이고 반복적으로 제시될 수 있다. 사실 일련의 반복적인 질문을 중심으로 한 '나선형' 교육과정은 학문 내, 학문 간 핵심적인 개념에 대한 이해를 발전시키고 개발하기 위해 필요한 지적 일관성을 제공한다.

총체적 핵심 질문은 모든 과목을 위해 개발될 수 있다. 일단 구축된 총체적 핵심 질문은 주제가 더욱 명확한 질문을 교사가 제시할 수 있도록 기여한다. 이 부가적인 이점은 학습자에게 도움이 된다. 여러 학년에 걸쳐 다른 주제에 적용되는 반복적인 질문을 탐구함으로써 학습자는 주제의 중심에 있는 더욱 크고 전이 가능한 생각에 '눈을 뜨게' 된다.

5. 가능한 혹은 예측 가능한 오개념 고려하기

핵심 질문의 또 다른 생산적인 원천은 학습자가 미묘하고 추상적인 생각에 대해 가지고 있는 오개념에서 찾을 수 있다. 경험이 많은 교사는 학습자가 특정 개념과 기능에 대해 근본적인 오해를 보이는 것은 드문 일이 아니라는 현상에 주목한다. 게다가 생산적인 질문을 만들어내는 데 사용될 수 있는 학생의 오개념, 특히 과학과 수학 과목에서의 오개념에 대하여 입증된 연구가 있다. [표 3-5]는 가능한 오개념의 예를 관련 핵심 질문과 함께 보여준다.

새로운 학습은 사전 지식을 기반으로 형성되기 때문에 교사는 새로운 내용을 가르치기 시작할 때 사전 평가를 통해 있을 수 있는 오개념을 찾아내야 한다. 이 점과 관련하여 핵심 질문은 사전 평가에 사용될 때 생산적인 점검의 역할을 할 수 있다.

[표 3-5] 오개념과 관련 핵심 질문

오개념	가능한 핵심적 질문
(교과서, 신문, 혹은 위키피디아)에 나온 것이라면 그것은 진실임에 틀림없다.	• 글을 읽으면서 무엇을 믿어야 할지 어떻게 아는가?
등호(=)는 여러분이 답을 찾아야 한다는 것을 의미한다.	• 이러한 값들이 동등한가? • 이 문제를 단순화하고 그것을 해결하는 데 도움이 되는 등가가 있는가?
과학적 방법은 그야말로 시행착오를 겪는 것이다.	• 통제할 필요가 있는 주요 변수는 무엇인가? • 효율적이고 효과적인 연구는 무엇인가? • 우리는 과학적 주장의 타당성을 어떻게 확인할 수 있는가?
(그림을 그리거나 노래를 부르거나 손과 눈의 동작을 일치시키는) 선천적인 능력이 있는 사람이 있는 반면 없는 사람도 있다. 선천적인 능력이 없다면 포기하는 편이 낫다.	• 훌륭한 예술가를 위대하게 만드는 것은 무엇인가? • 천재는 90%의 노력과 10%의 영감으로 이루어진다(토머스 에디슨의 말)는 것은 얼마나 진실일까? • 우리는 예술가적 기량을 어떻게 향상시킬 수 있는가? • 나는 어떻게 나의 기량을 개선할 수 있는가?

6. 이해의 측면 고려하기

이해 중심 교육과정에 대한 책(Wiggins & McTighe, 2005, 2011, 2012)에서 우리는 이해가 다양한 측면이나 지표를 통해 평가될 수 있다고 제안하였다. 우리는 설명, 해석, 적용, 관점 전환, 공감, 자기 평가라는 여섯 가지 능력을 확인했다. 이러한 측면들은 원래 이해의 정도를 평가하는 지표로서 쓰일 것이었지만, 핵심 질문을 포함하여 수업 시간에 사용되는 질문을 만들어내는 데에도 유용하다는 것이 입증되었다. [표 3-6]은 이해의 여섯 가지 측면을 바탕으로 하는 개시 질문과 촉발 동사를 제시한다.

[표 3-6] 이해의 여섯 가지 측면을 바탕으로 한 개시 질문과 동사, 핵심 질문

이해의 측면과 개시 질문	촉발 동사	샘플 핵심 질문
측면: 설명		
어떻게 _____이 발생했는가? 이건 왜 그런 것인가? _____을 유발한 것은 무엇인가? _____의 결과는 무엇인가? 우리는 _____을 어떻게 증명/확인/정당화할 수 있는가? _____은 _____과 어떻게 연결되어 있는가? 우리는 다른 사람들이 _____을 이해하는 데 어떤 도움을 줄 수 있는가?	• 연결하다 • 입증하다 • 도출하다 • 서술하다 • 설계하다 • 드러내다 • 표현하다 • 귀납하다 • 지도하다 • 정당화하다 • 모범을 제시하다 • 증명하다 • 보여주다 • 종합하다 • 가르치다	9/11 테러의 원인과 결과는 무엇인가?

측면: 해석

_____의 의미/암시는 무엇인가? _____은 _____에 대하여 무엇을 드러내 보이는가? _____은 나/우리와 어떤 관계가 있는가? 그래서 어떻다는 건가? 그것이 중요했던 이유는 무엇인가?	• 유추하다 • 비평하다 • 설명하다 • 의미를 명백하게 하다 • 이해하다 • 은유를 제공하다 • 행간을 읽다 • 재현하다 • ~에 대한 이야기를 하다 • 번역하다	그들은 우리를 왜 증오하는가? (혹은 '증오'가 올바른 말인가?)

측면: 적용

우리는 _____을 어떻게, 그리고 언제 사용할 수 있는가? _____은 좀 더 광범위한 세계에서 어떻게 적용되는가? _____은 우리가 _____하는 것을 어떻게 도울 수 있는가? 다음에는 무슨 일이 발생할 것인가?	• 조정하다 • 구축하다/구성하다 • 만들다/창안하다 • 오류를 제거하다 • 결정하다 • 설계하다 • 수행하다 • 생산하다 • 제안하다 • 해결하다 • 시험하다 • 이용하다	어떻게 또 다른 9/11 테러를 막을 수 있을까? (혹은 우리는 무엇을 할 수 있는가?)

측면: 관점 전환

_____에 대한 다른 관점은 무엇인가? _____의 관점에서 봤을 때 이것은 어떻게 보일 수 있는가? _____와 _____은 어떻게 유사한가/다른가? 이것은 누구의 이야기인가?	• 분석하다 • 논증하다 • 비교하다 • 대조하다 • 비평하다 • 평가하다 • 추론하다	9/11 테러는 지하디스트의 이야기인가?

측면: 공감

_____의 입장이 되어 보는 것은 어떨까? 여러분이 _____라면 어떤 감정일까? _____에 대하여 어떤 감정을 가질 수 있는가? _____은 우리가 무엇을 느끼고/알 수 있도록 하기 위해 노력하는가?	• 같아지다 • 마음을 열다 • 믿다 • 고려하다 • 상상하다 • 결부시키다 • 역할극을 하다 • 가장하다	자살 폭탄 테러범이 되는 동기는 무엇인가?

측면: 자기 평가		
내가 진정으로 알고 있는 것은 무엇인가? 그것을 어떻게 알고 있는가? _____에 대한 내 지식의 한계는 무엇인가? 나의 '사각지대'는 어디에 있는가? _____에 대한 나의 강점과 약점은 무엇인가? 나의 (경험, 습관, 편견, 문화 등)에 의해 형성된 _____에 대한 나의 관점은 어떠한가?	• 인지하다 • 깨닫다 • 인정하다 • 숙고하다 • 스스로를 평가하다	9/11 테러는 어떠한 방식으로 나 또는 나의 삶을 변화시켰는가?

7. 기능 중심 수업에서 핵심 질문 개발하기

우리와 함께 일했던 교사들은 종종 기능 중심의 수업(예를 들어 악기 연주, 운동, 초급 외국어)보다 개념적 주제(예를 들어 문학 주제, 과학 원리, 역사의 규칙)에 대한 핵심 질문을 개발하는 것이 더 자연스럽다고 생각한다. 우리는 "나는 단지 기능만 가르치기" 때문에 핵심 질문이 자신에게 적용되지 않는다고 주장하는 교사들을 만났다. 우리는 그들의 우려에 공감하지만, 앞의 장에서 말했듯이 그들의 결론에는 동의하지 않는다.

목적과 전략에 대한 중요한 관념은 모든 기능 숙달의 바탕이 된다. 그리고 이러한 관념은 수학 문제 해결과 관련 있는 폴리아의 핵심 질문을 다루면서 2장에서 언급했듯이, 유익한 핵심 질문의 토대를 형성한다. 실제로 이러한 질문을 고려하는 것은 능숙하고 융통성 있는 수행이라는 기능 지도의 궁극적인 목적을 달성하는 데 필수적이다. 우리는 효과적인 기능 학습과 관련된 관념의 네 가지 범주인 (1) 주요 개념, (2) 목적과 가치, (3) 전략과 전술, (4) 사용 맥락을 중심으로 핵심 질문을 생산적으로 구성할 수 있다는 것을 알아냈다.

체육의 예를 생각해보자. 야구와 골프, 라크로스, 하키, 테니스와 같이 긴 자루가 달린 물건을 휘두르는 기능과 관련된 운동의 경우, 힘과 회전력, 제어력이 주요 개념에 포함된다. 그렇기 때문에 우리가 언급한 바 있듯이 "회전력은 힘에 어떤 영향을 끼치는가?"와 같은 개념을 탐구하기 위한 질문을 구성할 수 있다. 혹은 보다 일반적으로 우리는 "제어력을 잃지 않고 최대의 힘으로 강타할 수 있는 방법은 무엇인가?"라는 질문을 제시하여 학습자들이 공을 던질 때 효과적인 전략을 개발할 수 있도록 도울 수 있다[예: 공 주시하기 혹은 퍽(puck)과 마무리 동작]. 세 번째 질문은 맥락과 관련이 있다. "우리는 언제 부드럽게 휘둘러야 하는가?"

동일한 범주가 읽기와 같은 학문적 기능 영역에도 유용하게 사용된다. 예를 들어, 여러분은 자신이 읽고 있는 내용을 이해하고 있다는 사실을 어떻게 알 수 있는가?(주요 개념), 독자가 주기적으로 자신의 이해력을 확인하는 것은 얼마나 중요한가?(목적과 가치), 훌륭한 독자는 글을 이해하지 못할 때 어떻게 하는가?(전략), 우리는 '수정' 전략을 언제 사용해야 하는가?(사용 맥락)가 있다. [표 3-7]은 기능을 가르칠 때 사용 가능한 핵심 질문의 추가적인 예를 보여준다.

앞선 장에서 언급했듯이, 질문이 핵심적인지를 판단하는 기준은 질문의 의도이다. 그렇기 때문에 기능 중심의 수업에서는 유도 질문만을 제시하는 것이 아니라 상당히 전략적인 결정이 내려져야 하는 문제나 도전으로부터 전략 및 가치와 관련된 질문을 도출해야 진정한 탐구를 이끌 수 있다.

따라서 기능 부분의 질문은 진정한 수행 문제와 관련한 맥락에서 제시될 때에만 핵심적이며, 이때 지속적인 판단과 조정이 요구된다. 현실에서 기능 적용을 할 때 주입식 교육으로는 좀처럼 충분하지 않을 것이다. 기능은 목적이 아닌 수단이며, 기능의 목표는 전이—다양한 맥락에서의 능숙하고 유연하며 효과적인 기량 발휘—이다. 이러한 결과는 레퍼토리, 즉 복잡한 수행 문제에 직면했을 때 어떤 기술을 언제, 어떻게, 왜 사용해야 하는지에 대한 이해를 바탕으로 현명한 선택을 하는 능력을 요구한다.

[**표 3-7**] 기능, 전략, 그리고 관련된 핵심 질문

과목	기능	전략	관련된 핵심 질문
읽기	낯선 단어를 '탐지'하라.	단어의 의미를 파악하기 위해 맥락의 단서를 이용하라.	• 작가는 무엇을 말하고자 하는가? • 이 단어들의 의미를 어떻게 추론하거나 파악할 수 있는가?
쓰기	다섯 문단의 에세이 구조를 따르라.	여러분의 목적과 독자에 부합하는 단어를 선택하라.	• 독자를 고려하여 나의 목적을 가장 잘 성취할 수 있는 방법은 무엇인가?
수학	분수 나누기, 도치하기와 곱하기	문제 해결 • 등가적 표현을 단순화하라. • 최종 결과에서부터 거꾸로 계산하라.	• 미지의 것을 어떻게 기지의 사실로 만들 수 있는가? • 가장 계시적인 최종항식은 무엇인가?
시각예술/ 그래픽 디자인	보색을 선정하기 위해 색상환을 이용하라.	관람객에게서 유도하고 싶은 기분을 끌어올리기 위한 색을 사용하라.	• 나는 관람객에게 느낌을 주기 위해 어떤 시도를 하고 있는가? • 그것을 가장 잘 표현할 수 있는 방법은 무엇인가?
목공	띠톱을 사용할 때 적절한 기술을 적용하라.	두 번 측정하고 한 번에 잘라라.	• 어떻게 하면 시간과 돈, 에너지를 절약할 수 있는가?
건반 악기를 비롯한 악기 연주	자동성을 이룰 때까지 연습하라.	연습 시간을 효과적으로 사용하기 위해 분명한 목표를 설정하고, 자신의 연주를 지속적으로 관찰하며, 다른 이들의 반응에 주의를 기울이며, 필요한 경우에 조정하라.	• 연습이 완벽을 만든다면 완벽한 연습은 어떻게 만들어지는가?

8. 핵심 질문 수정하기

좋은 핵심 질문을 개발하는 것은 쉬운 일이 아니다. 담당 과목에 대한 심도 있는 지식을 가지고 있는 경험 많은 교사조차 핵심 질문을 정교하게 만들어내는 것은 힘들다고 강조한다. 제롬 브루너(Jerome Bruner, 1960)는 "특정 주제

나 개념이 주어지면 사소한 질문을 던지는 것은 쉽다. … 상당히 어려운 질문을 던지는 것도 쉽다. 답을 할 수 있고 여러분을 어딘가로 이끌어주는 매개 질문을 찾는 것이 비결이다."(p. 40)라는 유명한 말을 했다.

　사실 좋은 핵심 질문을 만드는 능력은 학습된 기능이라서 아주 소수의 사람만이 첫 번째 시도에서 완벽한 핵심 질문을 만든다. 우리는 핵심 질문을 설계하는 것을 글쓰기의 한 장르로서 생각하면 도움이 된다는 사실을 알아냈다. 글쓰기의 과정처럼 핵심 질문을 설계하기 위해서는 일반적으로 초안, 피드백, 수정이 필요하다.

　핵심 질문을 검토하고 수정하기 위해 도움이 되는 기본적인 조언을 하자면 1장에서 제시한 일곱 가지 결정적인 특징을 바탕으로 핵심 질문을 평가하라는 것이다. 그리고 다른 교사들(특히 핵심 질문에 대해 잘 알고 있는 교사)에게 아직 완성되지 않은 질문을 보여준 후 그들의 반응을 구하라. 교육과정을 계획하다 보면 지나치게 폐쇄적이 되거나 필자가 겪었던 어려움에 직면하기 쉽다. 때로는 또 다른 관점만으로도 돌파구를 찾을 수 있다.

　반갑지 않은 이야기를 하자면 이미 언급했듯이 우리의 기준을 충족하는 핵심 질문을 만들어내는 것은 쉬운 일이 아니다. 그러나 좋은 소식도 있다. 핵심 질문 만들기는 연습을 통해 향상시킬 수 있는 기능이라는 것이다. 이러한 기능을 구축하기 위해 [표 3-8]에 제시된 '수정 전후'의 핵심 질문을 연구하고 수정의 예와 이와 관련된 논평을 확인하도록 하라.

　여러분은 수정된 질문에서 공통적인 사항들을 눈치챘는가? 질문은 수정을 거치면서 하나의 집합점에서 벗어나 더욱 개방적이고 미묘한 차이를 지니게 된다. 수정된 질문은 그럴듯한 다양한 답변이나 깊은 사고를 거친 판단을 이끌어야 한다는 사실을 시사한다. 그것들은 탐구와 확장된 사고를 요구하며, 이러한 질문에 대한 답변은 가다듬어지거나 심지어 학습자의 이해가 깊어짐에 따라 재고(再考)될 수도 있다. 본래의 질문이 주어진 주제에 대한 연구의 일환

[표 3-8] 핵심 질문 수정하기

원 질문	초안에 대한 논평	수정된 질문	수정된 질문에 대한 논평
실화란 무엇인가?	이 질문은 명료한 답이 있는 정의를 묻는 질문이다.	실화 작가는 어느 정도의 파격성을 가지고 자신의 주장을 밝히는가?	이 질문은 역사적이면서 동시대적 연관성이 있는 흥미로운 중간 영역을 탐구한다.
이 식단은 정부의 영양 지침에 얼마나 부합하는가?	이 질문은 어느 정도의 분석과 평가를 요구하지만, '정확한' 답을 말할 수 있다.	우리는 무엇을 먹어야 하는가?	탐구와 토론에 대한 많은 가능성을 열어주는 열린 질문이다.
열대우림의 벌채로부터 얻을 수 있는 이점이 있을까?	이 질문은 어느 정도의 정보 수집과 분석을 요구하지만, 단순히 열거하는 식으로 질문에 대한 답을 할 수 있다.	열대우림 벌채에 대한 대가는 이로부터 얻는 이점보다 어느 정도까지 클까?	수정된 질문은 더욱 수준 높은 분석을 요구하며, 탐구를 확장하고 심화시킨다. 이 질문은 찬반 의견을 둘러싼 논쟁과 심도 있는 탐구를 이끌 가능성이 크다.
우리의 공동체에서 스페인어를 하는 사람은 누구인가?	이것은 (약간의 탐구를 요구할 수도 있으나) 열거형 답을 요구하는 복잡하지 않은 질문이다.	영어만을 구사하는 우리 공동체에서 여러분은 얼마나 잘 생존할 수 있는가?	수정된 질문은 보다 넓은 분석과 관점의 전환을 요구하며 학습자의 흥미를 유발한다.
여러분의 대답은 정확한가?	이 질문은 단답을 요구한다.	이 상황에 대한 여러분의 답변은 적절하다고 할 수 있을 정도로 정확한가?	수정된 질문은 더욱 확장적이며, 맥락이 정확성의 적절한 정도를 어떻게 결정하는지에 대해 접근할 수 있다.
인상주의 미술의 특징은 무엇인가?	일련의 특징에 대한 예상되는 답이 존재하는 유도 질문이다.	예술가는 전통을 왜, 그리고 어떻게 깨는가? 그 결과는 어떠한가?	이 질문은 예술 경향에 대한 조사와 학습자의 일반화를 요구한다.
어떤 종류의 운동이 건강을 개선할 것인가?	이 질문은 연구와 관련이 있지만 단답을 요구하는 유도 질문이다.	"노력이 없으면 얻는 것도 없다."에 동의하는가?	수정된 질문은 원 질문보다 학습자의 흥미를 유발하며 토론과 논쟁으로 이어질 가능성이 크다.

으로 분명 사용될 수 있더라도 총체적인 탐구의 틀을 구성하기 위한 최선이 될 수는 없다는 사실에 주목하라.

여러분은 또한 이러한 질문을 어느 정도까지? 얼마나 잘? 얼마나 많이? 확장할 수 있는 몇 가지 간단한 기술이 있다는 사실을 알아챘을 것이다. 이처럼 사소하지만 유익한 수정 작업은 단지 하나의 정답이 아니라 다양한 답이 가능하다는 사실을 더욱 분명하게 해준다.

물론 핵심 질문에 대한 최고의 평가는 그것의 사용과 관련이 있다. 질문이 실제로 학습자로 하여금 생산적인 탐구를 할 수 있도록 하는가? 질문이 생각과 토론, 심지어 논쟁을 자극하는가? 질문이 재고와 추가적인 질문 생성을 촉발하는가? 질문이 중요한 사안에 대한 깊은 통찰을 끌어내는가? 이에 대한 대답들이 '아니요'라면 수정이 필요하다. '네'라면 여러분의 질문은 약속한 바를 실천한 것이다.

FAQ

Q 한 단원은 얼마나 많은 핵심 질문과 이에 따른 이해를 요구해야 할까요?

A 이 질문에 대한 답은 대개 해당 단원의 범위와 수업 기간에 따라 다릅니다. 한 과목의 구체적인 주제에 대해 2주 수업을 요구하는 단원은 12주의 학문 간 수업을 요구하는 단원보다 핵심 질문과 이해를 덜 필요로 할 것입니다. 그렇긴 하지만 우리는 일반적으로 3~4주 분량의 단원의 경우 2~4개의 핵심 질문이 필요하다고 봅니다. 기억해야 할 점은 양이 아닌 질이 중요하다는 사실입니다. 목표로 한 핵심 질문(그리고 관련 이해)을 더욱 많이 수반하는 단원이 그렇지 않은 단원보다 낫다고 할 수 없습니다. 이 점에서 미국 해병대의 신병 모집의 문구[3]를 패러디한 "우리는 '소수 정예'의 탐구만을 추구합니다."라는 구호를 언급하는 것이 유용합니다. 만약 질문이 진정으로 핵심적이라면 우선순위를 확립하고 핵심 생각을 보여줄 수 있으며, 그리고 그래야만 합니다. 토론과 연구, 문제 해결, 기타 구성주의자들이 사용하는 방법을 통해서 적극적으로 탐구를 추구할 의지가 없는 질문은 언급하지 마시기 바랍니다. 마지막으로, 진정으로 핵심 질문은 해당 단원을 학습하는 동안 계속해서 반복될 것이기 때문에 사실 핵심 질문이 그렇게 많이 필요하지 않다는 사실을 염두에 두시기 바랍니다. 이해의 측면도 마찬가지입니다. 이해는 전이 가능한 '폭넓은 개념'을 반영해야 하기 때문에 소수만 있으면 됩니다.

Q 각각의 확인된 이해에 대한 핵심 질문이 있어야 하나요?

A 일대일 대응을 추구할 필요는 없지만 핵심 질문과 이해 사이에 분명한 연관은 있어야 합니다. 핵심 질문을 성취하고자 하는 이해로 이어지는 핵심 개념을 탐구하기 위한 관문이라고 생각하시기 바랍니다. 그렇기 때문에 한 단원에서 하나 이상의 이해가 필요하다고 확인될 경우 이에 따른 하나 이상의 핵심 질문이 제시되어야 합니다. 이

---

3 'We're looking for a few good men'으로, '해병대는 소수 정예의 용사들만을 찾습니다'라는 의미이다.

해 중심 교육과정의 단원 계획 템플릿(Wiggins & McTighe, 2005, 2011 참조)에 제시된 목표로 하는 이해와 관련 핵심 질문을 줄로 연결한다면 이를 간단히 파악할 수 있습니다. '자유롭게 움직이는' 이해나 핵심 질문은 두 개의 범주를 맞추기 위해 어느 하나를 추가(혹은 제거)할 필요가 있다는 것을 보여줍니다.

4장

어떻게 핵심 질문을 활용하는가

핵심 질문의 목적은 교사가 옳다고 생각하는 정답을 찾아내는
데 있는 것이 아니라 학생들이 주도하는 지속적인 탐구와
풍부한 토론을 불러일으키는 데 있다.

이제 여러분이 핵심 질문의 특성과 핵심 질문을 설계하는 방법에 대해 이 해했다면 핵심 질문이 활용으로 넘어가보자. 학생들의 실질적인 이해를 위한 의미 있는 참여와 지속적인 탐구, 깊은 사고, 필수적인 재고를 유도하려면 핵심 질문이 어떤 방법으로 활용되어야 할까?

이 장에서 우리는 여러분이 핵심 질문을 최대한 활용할 수 있게 하는 실용적인 조언과 기술을 살펴볼 것이다. 6장에서도 수업에서 '탐구 문화'를 확립하기 위한 방법을 자세하게 다루겠지만, 우선 성공적인 활용으로 가는 열쇠로서 탐구 문화 확립의 중요성에 대해 언급할 필요가 있다.

성공을 위해 보장된 계획이나 관행, 방침 같은 것은 없다. 모를 심으려면 모의 성장에 도움이 되는 토양이 준비되어야 한다. 교육이라는 모판은 신념, 가치, 구조, 일과, 규약, 조건과 관련이 있으며, 이들은 행동에 영향을 미치고 태도를 형성하고 학습에 영향을 준다. 건강한 문화는 모든 이들이 하나가 되어 목표와 행동을 공유하고 앞으로 나아갈 수 있는 환경이다.

모와 모판은 또 다른 측면에서 비유될 수 있다. 어려운 질문에 최고의 학생

들이 내놓는 대답 중 다수는 자신이 없거나 말만 번지르르하거나 정제되지 않은 것들이다. 따라서 모든 대답은 더 키워나가고 가끔은 풀 뽑기를 해줘야 하는 모종과 같다. 마찬가지로 쑥쑥 자라는 생각을 공유하고 다듬는 것은 지적인 위험을 감수할 수 있도록 든든하게 뒷받침하는 환경에서만 가능할 것이다. 다른 한편으로, 이 같은 환경은 건전한 근거와 추론의 토대 위에 세워져야 한다. 이곳에서는 타당한 추론과 충분한 근거가 없는 주장은 부족한 것으로 평가받는다. 그러므로 우리가 개방적이되 원칙이 있는 탐구를 소중히 여기고 질문에 무심하기보다 깊은 생각에서 나온 대답을 추구한다면 우리는 그에 맞는 환경을 반드시 조성해야 한다. 이를 위해 우리는 자유로운 생각을 안심하고 표현할 수 있는 초대의 공간을 보장해야 하며, 특정한 습관, 신념, 행동, 의견이 자유로운 사고와 공동 탐구라는 목적을 훼손할 수 있음을 명백히 해야 한다.

1. 새로운 규칙

탐구 지원 문화에 관한 논의의 중요성은 핵심 질문에 초점을 맞추는 것이 소위 학교라는 경기에서 새로운 규칙을 세우는 것이라는 사실에서 온다. 학습자 대부분에게 학교는 답을 알고 있는 교사가 답을 아는 사람을 찾기 위해 의도적으로 질문을 하는 곳으로 인식된다. 역설적으로 많은 교사들은 예/아니요 혹은 하나의 정답을 끌어내는 질문을 던지고 손을 든 학생에게만 기회를 주며, 질문을 던지고 잠시 뒤 스스로 대답하는 등 소통하려는 의도가 없을 때조차 이것이 경기라는 신호를 보낸다.

물론 우리는 이것이 깨기 힘든 뿌리 깊은 관행임을 인정한다. 실제로 국제 수학·과학 성취도 평가(Trends in International Mathematics and Science Study: TIMSS)와 공동으로 실시한 주목할 만한 연구는 질문에 대한 서로 다른 접근법이 어떻게 뿌리를 내리고 우리의 관심에서 비껴가는지를 밝혀냈다. 국제 수학·과학 성취도 평가가 미국과 일본 교실의 수업 관행을 비교 조사했을 때 연구자들은 교실 행동과 수업 계획을 풀어가는 신념에서 중대한 차이점을 발견했다.

> 미국과 일본의 교사들은 각기 다른 이유로 질문을 하였다. 미국의 경우 질문의 목적은 답을 얻는 것이었다. 일본에서는 생각을 자극하기 위해 질문을 했다. 일본 교사는 즉각적인 대답을 유도하는 질문은 좋지 않은 질문이라고 생각했다. 왜냐하면 그런 질문은 학생들이 애써 생각해보려 노력하게끔 하지 않기 때문이다. 우리가 인터뷰한 어느 교사는 동료 교사와 했던 교수법 개선 논의에 관해 들려주었다. "어떤 이야기를 하시나요?" 우리가 물었다. 교사는 말했다. "학급에서 제시할 질문에 대해 토론하는 데 상당한 시간을 할애합니다. 학생을 학습 주제에 관련된 사고와 토론에 참여시킬 수 있는 최고의 질문을 찾아내는 것이지요. 훌륭한 하나의 질문은 오랫동안 전체 수업을 끌어나갈 수 있고, 그렇지 않은 질문은 단답 이상의 것을 만들어낼 수 없습니다." (Stevenson & Stigler, 1992, p. 195)

핵심 질문의 성공적인 실행은 뚜렷하고 분명한 목표에서 시작된다. 그리고 핵심 질문의 목표는 내용 습득이라는 목표와 다르기 때문에 이 같은 원칙은 상당히 중요하다. 그러므로 핵심 질문이 나왔을 때 질문의 목적이 교사가 옳다고 생각하는 정답을 찾아내는 것이 아니라 학생들이 주도하는 지속적인 탐구와 풍부한 토론을 불러일으키는 것임이 명확해져야 한다.

핵심 질문의 실행은 교사들의 틀에 박힌 (종종 검증되지 않은) 신념과 안이한 습관에 맞서서 경기의 새로운 규칙에 학생들을 다시 적응시키려는 신중한 노력을 요구한다. 우리는 핵심 질문의 목적, 관련된 실천, 핵심 질문의 활용에 수반되는 변화된 역할에 대해 터놓고 토론하기를 권고한다. 다음은 학생들을 변화에 대비시킬 수 있는 몇 가지 주요 소통 방안을 예로 든 것이다.

- 이 질문에는 한 가지 정답만 있는 것이 아니다. 인생은 그럴듯한 불완전한 대안을 고민하는 과정이다.
- 누구나 의견을 내놓을 자격이 있다. 그러나 최고의 의견은 유효한 근거와 타당한 이유에 의해 뒷받침된다.
- 중요한 개념을 이해하게 되는 것은 몸을 만드는 것과 비슷하다. 오랜 시간 노력과 연습이 필요하기 때문이다.
- 벽에 질문이 게시되면 우리가 그 질문에 대해 거듭 고민할 것이라는 의미다.
- 탐구는 많은 관중이 몰리는 운동 경기가 아니다. 개개인이 적극적으로 경청하고 참여해야 한다.
- 모두가 공정한 게임을 한다. 선생님은 손을 드는 학생만 호명하지 않을 것이다.
- 선생님이나 다른 친구들이 여러분의 대답에 문제를 제기한다고 해서 여러분을 싫어한다거나 여러분의 의견을 무시하는 것은 아니다. 여러분의 생각이 얼마나 튼튼한 것인지 시험하는 것일 뿐이다.
- 열린 사고방식으로 다른 시각을 취하면 여러분의 사고와 이해를 명확히 하고 그 범위를 확장하는 데 도움이 될 수 있다.
- 실수는 배움의 과정에서 생기는 일부다. 만약 실수를 저지르는 위험을 감수하지 않는다면 앞으로 나아가지 못할 가능성이 높다. 그렇기 때문에 우리는 앞으로 나아가기 위해서 대답에 질문을 던지는 것이다.
- 여러분은 이미 이해했다고 생각하는 것들을 다시 생각할 기회를 갖게 될지도 모른다. 그건 정상적이고 심지어 바람직한 과정이다.

모종을 관리하듯 이러한 새로운 규칙은 인내심, 주의 깊은 보살핌, 지속적인 환기를 필요로 할 것이다. 시간이 지나면서 새로운 규칙은 규범으로 자리 잡아서 폭넓은 개념이 뿌리를 내리고 성숙한 이해를 꽃피울 수 있을 것이다.

2. 핵심 질문의 실행을 위한 4단계 과정

핵심 질문의 실행이 기존의 가르침과 차이를 보이는 가장 뚜렷한 방식은 다양한 내용이 다뤄지면서 핵심 질문이 제시되고 토론되며 오랫동안 남는다는 사실에 그치지 않는다. 핵심 질문이(그리고 보다 일반적인 이해를 돕기 위한 가르침이) 중요한 이유는 탐구 활동이 나선형과 유사하게 확대되거나 질문과 정보, 경험, 관점의 새로운 원천 사이를 왕복할 수 있게 설계된다는 점이다. 다시 말해 우리는 반복해서 핵심 질문으로 되돌아가 더욱 조사하고 보다 깊게 생각해 보며 보다 통찰력 있는 이해에 도달할 수 있는 것이다.

우리는 핵심 질문의 성공적인 활용에서 나타나야 하는 모습을 4단계 과정으로 설명할 수 있다.

1단계: 탐구를 유도하도록 설계된 질문을 소개하라.
목표: 핵심 질문은 학생과 현 단원이나 교과 과정의 내용을 연관시켜 사고를 촉진하고, 글, 연구 과제, 실험, 문제, 쟁점, 질문이 삶으로 들어오는 모의 실험을 통해 탐구할 만한 가치가 있는 것임을 분명히 하라.

2단계: 다양한 반응을 끌어내고 이들 반응에 질문을 던져라.
목표: 질문에 대한 그럴듯하지만 불완전한 대답을 최대한 폭넓게 유도해내는 데 필요한 질문 기술과 규약을 이용하라. 또한 다양한 학생들의 대답이 다양한 관점에 근거해서 나온 것인지 질문의 애매한 표현 때문에 나온 것

인지 원래의 질문을 탐구하라.

3단계: 새로운 관점을 소개하고 탐구하라.

목표: 질문에 새로운 글, 자료, 현상을 추가하여 의도적으로 탐구 활동을 확장하고 그때까지 다다른 잠정적 결론에 의문을 제기하라. 기존의 대답 외에 새로운 답변을 끌어내고 서로 비교하여 가능성 있는 연결고리를 찾아보고 모순된 점이 없는지 확인하라.

4단계: 잠정적 결론을 내려라.

목표: 학생들에게 지금까지 발견한 내용, 새롭게 얻은 통찰력, 아직 남아 있는(혹은 새로 제기된) 질문을 내용과 과정 두 측면에서 잠정적인 이해로 일반화하도록 요구하라.

이와 같은 과정은 한 단원에만 국한되지 않음을 주의하라. 우리는 위와 같은 체계를 여러 단원을 하나로 엮는 데 활용할 수 있다. 이 경우 3단계는 신선한 관점이 소개되고 같은 질문이나 여러 질문을 이용해 탐구될 수 있는 새로운 단원의 시작이 될 수 있다.

다음은 과학에서 "과학이란 무엇인가?"라는 질문을 사용한 예다. 많은 중·고등학교에서 과학 교사는 **최초의** 단원이나 수업을 이 질문에 할애하곤 한다. 그러나 학기 초반에 읽기와 토론이 끝난 뒤에는 관심이 특정 지식이나 기능을 습득하는 쪽으로 돌아서면서 대부분의 경우 이 질문은 1년간 다시 돌아오지 않는다. (게다가 대부분의 교과서가 이러한 방식이 반복되도록 방조하고 지원한다.) 핵심 질문이 교과 과정 내내 두드러지도록 하는 대안적 방식을 우리가 더욱 분명하게 알아내는 데 앞서 소개한 단계들이 어떤 도움이 되는지 다음의 예를 통해 확인해보자.

1단계: 탐구를 유도하도록 설계된 질문을 소개하라.

예: 과학이란 무엇인가? 과학은 경험적 문제에 대해 상식과 종교적 견해와 어떤 관련이 있고 어떻게 다른가?

2단계: 다양한 반응을 끌어내고 이들 반응에 질문을 던져라.

예: 학생들은 핵심 질문을 다루는 세 가지 종류의 짧은 문서나 자료를 읽는다. 이 자료들은 과학이 무엇인지, 과학이 어떻게 유효한지, 과학적 정답을 우리가 얼마나 신뢰해야 하는지에 대해 전혀 다른 주장을 펼친다.

3단계: 새로운 관점을 소개하고 탐구하라(이 단계는 1년 동안 여러 차례에 걸쳐 이뤄질 수 있다).

예: 학생들은 방법이 제각각이고 오차 범위가 큰 두 가지 실험을 수행하도록 요구받는다. 학생들은 또한 과학의 역사에서 몇 가지 논란거리, 틀린 것으로 밝혀진 발견 등에 관해 읽는다(예를 들어, 과학이 어떻게 해서 본질적으로 시험의 대상이 되고 잠정적이며 '반증 가능'한지, 즉 정치적·사회적·종교적 이념이 늘 모든 것을 설명할 수 있다는 내용의 칼 포퍼의 연구, 대부분의 사람들이 과학이란 무엇인지에 관해 어떻게 잘못 이해하고 있는지를 설명한 리처드 파인만의 연구, 우리가 본질적으로 사실로서의 과학을 의심해야 하는 이유에 관한 데이비드 흄의 연구).

4단계: 잠정적 결론을 내려라.

예: 학생들에게 지금까지 과학의 본질에 관해 발견한 내용, 새롭게 얻은 통찰력, 아직 남아 있는(혹은 새로 제기된) 질문을 일반화하도록 요구하라.

위의 사례가 시사하듯, 질문의 적절한 처리를 위해서는 "지구 온난화 연구에서 앞선 두 가지 실험과 그에 따른 완전히 다른 결론을 고려할 때 이제 여러분은 과학이 무엇이라고 말할 수 있을까?"와 같이 1년 내내 질문이 지속적으로 반복되어야 하고, 교과 과정은 반드시 가짜 과학과 과학에 대한 맹신의 위험을 인지하는 것을 포함해야 한다. 여기에 더해 교과 과정은 현대의 과학적 사고의 반(反)직관적 면을 다루어야 한다. (현대의 과학적 사고는 종종 학생의 일반적이고 끈질긴 과학적 오개념, 혹은 과학 자체에 대한 오개념을 불러일으키기 때문이다.)

핵심 질문을 둘러싼 몇몇 중요한 개념을 꾸준히 반복하지 않는 경우는 수학에서 특히 자주 확인된다. 반론의 여지는 있겠지만, 가장 일반적이고 안타까운 실수는 정의, 규칙, 공리 등 '기정사실'로 제시된 것들이 첫 단원에서 간단하게 언급되고 그다음에는 나오지 않는다는 데서 발생한다. 교과서는 몇 가지 가정을 제시하고 드물게 가정을 뒷받침하고 그다음에는 그것을 토대로 문제를 푸는 단계로 서둘러 이동한다. 그러나 그러한 가정은 왜 하는가? 우리는 왜 기본적인 용어를 정의할 수 없는가? 숫자란 무엇인가? 자연스럽게 떠오르는 이러한 질문은 틀에 박힌 글과 지도 방식에 의해 빠르게 대충 스쳐 지나간다.

이러한 질문을 무시하는 것은 교육학이나 수학적 이해 측면에서 실수다. 사실 현대 수학은 "우리는 무엇을 가정하며, 그렇게 가정하는 것이 옳은가?"라는 핵심 질문을 꾸준히 고민하는 데에서 생겨났다. 예를 들어, 데카르트 이전까지 아무도 x^4처럼 4제곱까지 숫자가 있을 것이라고 가정하지 않았다. 왜냐하면 종전의 주창자들은 숫자를 공간적 차원으로 설명했기 때문이다. 그렇기 때문에 x^2을 'x평방', x^3을 'x입방'이라고 표현하는 것이다! 학생들이 주도하는 공리에 대한 연구와 개인 나름의 공간 이론의 개발은 기하학 교수법에서 가장 유명한 실험의 토대를 형성했다. 이는 1930년대 해럴드 포셋(Harold Fawcett)이 개발했고, 그의 책 『증명의 본질(The Nature of Proof)』(1938)에서 성립되었다.

사실 수학의 우아함과 힘은 학습자를 다음과 같이 지적으로 풍성한 질문에 관여시킬 때 실제 삶에 반영된다. 영(0)을 곱할 수는 있는데, 왜 영으로 나눌 수는 없는가? 어떤 이유로 우리는 음수나 '허수'처럼 반직관적인 것을 가질 수 있는가? 평행선 공리는 자명하거나 간단히 명시되지 않는데, 왜 우리는 그것을 가정하는가? 누가 이러한 생각을 소개했고, 소개한 이유는 무엇인가? 현대의 연산, 기하학, 대수학, 미적분학은 모두 우리에게 핵심 질문을 강제하는 탐구로부터 태어났다. 예를 들어, 숫자 체계에서 영(0)은 상당히 뒤늦은 시기에 도입되었고 상당한 논쟁을 낳았다. [수학 역사상 가장 위대한 논쟁과 혁신에 관한 흥미롭고 재미있는 글이 필요하다면 레오나르드 믈로디노프(Leonard Mlodinow)가 쓴 『유클리드의 창문(Euclid's Window)』을 읽어보라.] 그러므로 무엇이 공리로 수용될 수 있는지 없는지에 대한 질문은 획기적인 이정표에 도달한 뒤에도 **지속적으로 반복되어야 한다**(예: 모든 삼각형의 내각의 합은 180도라는 증명, 피타고라스의 정리, 1=0과 같이 영인자에 의존하는 가짜 증명). 대리 기하학, 미적분학, 확률 이론, 아인슈타인의 상대성 이론으로 이끈 것은 기정사실에 대한 지속적인 **재검토**였다.

학생들의 '기정사실'에 대한 탐구는 보다 간단한 비유를 들여다봄으로써 흥미롭게 시작될 수 있다. 친숙한 운동경기의 규칙이 그 예다. 생각해볼 수 있는 질문은 다음과 같다. 왜 이러한 규칙을 당연하게 여기는가? 야구에서는 왜 두 선수가 하나의 베이스를 점유할 수 없는가? 농구에서는 왜 3점 슛이 있고, 3점을 얻으려면 바스켓에서 얼마나 멀리 떨어져서 공을 던져야 하며, 다양한 규칙 위원회가 수년 동안 그 거리를 조정한 이유는 무엇인가? 실질적으로 경기를 바꾸지 않고 일부 규칙을 바꿈으로써 경기를 개선할 수 있을까? 예를 들어, 마지막 질문의 경우 야구에서 세 번째 번트 시도가 파울이 될 경우 지금처럼 삼진 아웃으로 처리하는 대신 파울볼로 취급해서 공을 칠 기회를 갖도록 규칙을 바꾸지 않는 이유는 무엇인가? 이 질문은 일부 공리가 어떤 이유에서 사후에 발전되어 '경기'를 우리가 원하는 방식으로 작동하게 만들 수 있는지에 대한 심도 있는 고민을 유도할 수 있다. 이는 기하학 역사에서 무척 중요하며 공리에 대해 교과서에서 관습적으로 무시되는 주목할 만하지만 자명하지 않은 이해가 된다.

다음은 핵심 질문의 4단계 과정이 중·고등학교 수학의 '기정사실'에 어떻게 적용될 수 있는지를 나타낸 예다.

1단계: 탐구를 유도하도록 설계된 질문을 소개하라.

예: 수학에서 기정사실은 주어진 것이다. 필수적인 것은 무엇이고 관례적인 것은 무엇인가? 왜 그것은 기정사실인가? 누가 그것을 주었고 왜 여러분은 그렇다고 가정하는 것이 옳다고 생각하는가? 핵심적인 토대는 바꿀 수 있는 관례와 어떤 점이 구분되는가? 권리장전이나 사전에서 핵심 어휘의 의미, 예산 계획안과 같은 우리의 삶에서 주어진 기정사실을 살펴보라.

2단계: 다양한 반응을 끌어내고 이들 반응에 질문을 던져라.

예: 경기, 법률, 언어의 규칙에서 시작해서 수학으로 건너가라. 학생들에게 의문이 생기는 기정사실을 살펴보라고 하라. 일례로, 우리는 선이나 점을 정의할 수 없지만 그것을 특정한 방식으로 그린다. 우리는 영(0)으로 나눌 수 없지만 영을 곱할 수는 있다. 우리는 10진법을 사용하지만 종종 2진법도 사용한다. 우리는 대수학에서 명제를 분석하기 위해 사칙연산을 이용하지만 다른 방법을 이용할 수는 없을까? 교환법칙도 똑같이 관습적인가?

3단계: 새로운 관점을 소개하고 탐구하라.

예: 맥락에 따라 공간 관계에 대해 다른 가정을 하는 것이 왜 중요한지 설명하기 위해 여타 기하학(예: 택시 기하학, 즉 도시 도로망 기하학)을 잠시 살펴보라. 기정사실들을 반박하는 수학적 오류를 확인하거나 다른 가정들을 살펴보며 그것이 왜 옳은지 혹은 왜 옳지 않은지를 알아보라. 예를 들어, 학생들에게 구면 기하학이나 현대 물리학에서처럼 모든 선이 곡선이라고 가정할 때 어떤 일이 생기는지 생각하게 하라.

4단계: 잠정적 결론을 내려라.

예: 학생들에게 교과서에 나온 연산이나 대수학, 기하학의 공리를 다시 살

펴보면서 증명 없이 가정해야 하는 것과 가정하지 말아야 하는 것에 관해, 그리고 어떤 기정사실은 기본적이고 어떤 것은 관습적인지에 관해 지금까지 발견한 내용, 새롭게 얻은 통찰력, 아직 남아 있는(혹은 새로 제기된) 질문을 일반화하도록 요구하라.

다음은 지역에 관해 다루는 초등 사회 과목에 적용할 수 있는 4단계 과정의 예다. 단원 계획이 수학의 예와 어떤 식으로 유사점과 탐구 흐름을 반영하는지 주목하라. 핵심 질문은 다음과 같다. 동서남북은 왜 있고 지역에 관해 이야기할 때 이것이 기정사실이 되는 이유는 무엇인가? 이것만큼 도움이 되는 다른 지역적 구분법이 있을까?

1단계: 탐구를 유도하도록 설계된 질문을 소개하라.

예: 미국 지역의 전형적인 이름과 특징을 훑어본 뒤에 다음 질문을 던져라. 우리가 지도를 다른 방식으로 분할할 수 없을까? 어떤 지역들이 우리가 정의하기에 유용할까? 우리는 어떤 지역에서 산다고 할 수 있을까? 얼마나 많은 지역에서 우리는 살고 있는가?

2단계: 다양한 반응을 끌어내고 이들 반응에 질문을 던져라.

예: '지역'으로 구분하기에 유용한 범위는 어디일까? 다양한 지역 지도의 장단점, 학교, 도시, 주에 대한 범주의 장단점, (지역 스포츠 구단과 같이) 문화적 측면을 바탕으로 한 지역 구분의 장단점을 비교하고 대조하라.

3단계: 새로운 관점을 소개하고 탐구하라.

예: (음식, 여가, 일자리와 같이) 문화적 측면을 바탕으로 지역의 개념을 계속 찾아라. 그리고 나아가 '남'이나 '서북'과 같이 지역을 이야기하는 것은 모든 지역의 고유성이나 다양성을 간과하고 고정관념을 심어주어 도움이 되

지 않을 수도 있음을 이야기해보라. 관련 질문은 다음과 같이 살펴볼 수 있다. 주(州)나 국가와는 반대로 남부, 해안, 서부 테네시, 북부 뉴욕, 북부 캘리포니아와 같이 '지역적'이라는 맥락에서 스스로를 규정하는 데 유용한 범위는 어디까지인가? 물리적 특징으로 지역을 구분하는 것이 유용할 때는 언제고, 사회학적 특징으로 구분하는 것이 유용할 때는 언제인가?

4단계: 잠정적 결론을 내려라.

예: 학생들에게 지역과 지역의 유용한 지역 개념에 관해 지금까지 발견한 내용, 새롭게 얻은 통찰력, 아직 남아 있는(혹은 새로 제기된) 질문을 일반화하도록 요구하라.

이제 위 체계의 확장판을 살펴보자. 일단 내용과 탐구 활동이 어떻게 혼합되고 (교과서 외에) 어떤 자료들이 탐구를 형성하는 데 필요한지 알아보는 것에서 시작해볼 수 있다. 물론 탐구 활동 중간과 그 이후에 학생 이해를 정식 평가하면서 마무리할 것이다. 이러한 평가는 교과서 단원 확인 평가와는 거리가 멀다.

3. 핵심 질문의 실행을 위한 8단계 과정

보다 상세화된 핵심 질문의 실행은 다음의 8단계로 나눠 설명할 수 있다. (1) 지도 전 계획 및 설계하기, (2) 처음 질문 제기하기, (3) 다양한 학생 반응 유도하기, (4) 학생 반응(및 질문 자체) 검토하기, (5) 질문과 관련한 새로운 정보와 관점 소개하기, (6) 깊이 있고 꾸준한 탐구를 통해 결과물과 성과로 끝맺기, (7) 잠정적 결론내기, (8) 개별 학생의 탐구 및 대답 평가하기.

1단계: 지도 전 계획 및 설계하기

목표: 핵심 질문이 주어지면 탐구를 확장하고 깊이 있게 하는 데 이용될 수 있는 관련된 다양한 글, 문제, 경험을 수집하라.

2단계: 처음 질문 제기하기

목표: 지도를 시작하는 시점이나 혹은 질문과 관련된 초기 탐구 후에 핵심 질문을 던져라.

3단계: 다양한 학생 반응 유도하기

목표: 여러 가지 그럴듯한 대답이 나올 수 있고 선택된 자료가 의견의 차이를 만들 수 있다는 점을 학생들이 이해할 수 있도록 하라.

4단계: 학생 반응(및 질문 자체) 검토하기

목표: 학생 반응에 질문하라. 모든 반응을 고려했을 때 모순되거나 일치하지 않는 점을 지적하라. 추가 탐구를 위한 방향이나 방식을 학생들이 제안할 수 있게 하라. 반응에 비추어 질문 자체가 재고되고 분석되었는지 확인하라.

5단계: 질문과 관련한 새로운 정보와 관점 소개하기

목표: 탐구를 위한 새로운 글, 자료, 현상을 추가하여 의도적으로 탐구 활동을 확장하거나 그때까지 다다른 잠정적 결론에 의문을 제기하라.

6단계: 깊이 있고 꾸준한 탐구를 통해 결과물과 성과로 끝맺기

목표: 학생들은 개인이든 소그룹이든 학급 전체이든 핵심 질문을 탐구할 것으로 기대된다. 그리고 심도 있는 조사와 토론을 통해 가장 유망한 반응이 공유되고 분석된다.

7단계: 잠정적 결론 내기

목표: 학급은 내용 및 과정과 관련해 지금까지 발견한 내용, 새롭게 얻은 통찰력, 아직 남아 있는(혹은 새롭게 생긴) 질문을 요약한다.

8단계: 개별 학생의 탐구 및 대답 평가하기

목표: 학생들은 개별적으로 질문에 대한 현재의 대답을 근거와 논리를 들어 정식으로 설명해야 하며, 또한 반증과 반론을 처리해야 한다.

그렇다면 이러한 단계가 어떻게 진행되는지 알아보기 위해 그랜트의 영어 교수법 2장의 예를 살펴보자. 이 단원의 핵심 질문은 "보는 이는 누구이고 보지 못하는 이는 누구인가?"였다. 이 핵심 질문을 위해 미리 선택된 읽기 자료는 한스 크리스티안 안데르센(Hans Christian Andersen)의 「벌거숭이 임금님」, 「곰돌이 푸와 피글렛, 우즈를 사냥하다」(『곰돌이 푸』의 한 부분), 『오이디푸스 왕』, 플라톤의 『국가론(The Republic)』 중 「동굴의 비유」 부분이다. (물론 읽기 수준 및 질문과의 관련성을 고려해 적합하다면 다른 자료들이 이용될 수도 있다.)

학생들은 단원을 시작하는 첫날 핵심 질문을 받게 된다. 학생들은 핵심 질문과 탐구가 진행되면서 떠오르는 관련 질문을 필기하도록 강력하게 권장된다. 그들은 읽기 자료가 질문과 관련이 있다는 것을 안다. 그리고 핵심 질문이 최종 평가 과제에 나올 것임을 안다. 간단히 말해 핵심 질문을 둘러싼 단원은 이 과제를 분명하게 제시하도록 설계되고 단원을 통과하는 과정도 그에 맞게 형성된다. 다음은 8단계에 따라 단원이 어떻게 진행될 수 있는가를 보여주는 예다.

1단계: 지도 전 계획 및 설계하기

예: 핵심 질문과 관련이 있고 그에 관해 서로 다른 견해를 제시하는 네 가지 다른 글을 골라라.

2단계: 처음 질문 제기하기

예: 생활 속 개인적인 '맹목'에 관한 간단한 토론, 즉 분명히 '보이지만' '보지 못하는' 이유에 관한 사례나 간단한 토론에서 시작하라. 그다음 교사는

핵심 질문과 첫 자료 「곰돌이 푸와 피글렛, 우즈를 사냥하다」를 소개한다.

3단계: 다양한 학생 반응 유도하기

예: 이야기 속에서 보는 이는 누구이고 보지 못하는 이는 누구인가? 다른 이보다 잘 보지 못하는 사람이 있는가(예: 피글렛과 푸의 비교, 나무에서 푸와 크리스토퍼 로빈의 비교)? 그 이유는 무엇인가?

4단계: 학생 반응(및 질문 자체) 검토하기

예: 이러한 생각은 앞선 활동에서 한 여러분의 설명과 어떻게 연관이 되는가? 못 본다는 것이 실제로 의미하는 것은 무엇인가? 여기에서 본다는 것은 무엇을 의미하는가? 그렇다면 맹목의 관점에서 이야기의 교훈은 무엇인가? 우리는 이후 읽기에서 추가로 탐구하게 될 못 봄과 봄에 관해 첫 일반화를 할 수 있을까?

5단계: 질문과 관련한 새로운 정보와 관점 소개하기

예: 「벌거숭이 임금님」이나 『오이디푸스 왕』, 「동굴의 비유」를 읽어라. 영화 〈매트릭스(The Matrix)〉, 〈환상 특급(Twilight Zone)〉의 일부 영상이나 〈미라클 워커(Miracle Worker)〉에서 헬렌 켈러가 물과 물에 대한 수화를 연관시키는 장면을 보라. 이용될 수 있는 다른 자료에는 봄/못 봄, 지각적 편향, 인지적 편향과 인지적 오류, 여타 관련 주제를 설명하는 실화 자료가 포함될 수 있다.

6단계: 깊이 있고 꾸준한 탐구를 통해 결과물과 성과로 끝맺기

예: 같거나 비슷한 질문을 이용하여 보다 깊이 있게 각각의 글이나 실제 경우를 탐구하며 대답에서 역설적인 상황에 도달해보라. (『벌거숭이 임금님』에서 아이는 볼 수 있지만 전문가는 볼 수 없다는 것, 『오이디푸스 왕』에서 장님이 본다는 것, 동굴에서 전문가와 성공적인 학자들은 앞을 보지 못한다는 것 등에 주목하라.)

7단계: 잠정적 결론 내기

예: 글과 학생들이 내놓은 질문에 대한 대답을 비교하고 대조할 수 있도록 종합적인 도표를 만들어라.

8단계: 개별 학생의 탐구 및 대답 평가하기

예: "보는 이는 누구이고 보지 못하는 이는 누구인가?"에 관해 여러분이 읽은 것과 여러분의 생각과 경험을 종합하여 설득력 있고 흥미로운 의견을 제시하는 글을 써라. 또한 핵심 질문을 주제로 한 전시를 포함하는 박물관 전시회를 기획하라.

이 경우 핵심 질문은 자연스럽게 영어의 범위를 넘어서 역사(집단 히스테리, 자멸적 파시즘, 맹목적 애국심은 왜 존재하는가?), 과학(다윈의 진화론이나 지구 온난화가 다른 방식으로 합리적인 사람들에게 위험하게 인식되는 이유는 무엇인가?) 예술(예술은 왜 위협적인가? 어떤 사람들은 왜 현대 예술을 사기라고 하는가?), 운동 경기(투수는 타자를 어떻게 속이고, 선수는 심판을 어떻게 속이는가? 경기 도중 훌륭한 선수가 다른 선수보다 무엇을 더 '보는가', 그 이유는 무엇인가?)까지 확장될 수 있다.

다시 말해 단순히 교사의 질문에 의한 것이 아니라 설계에 의한 이해는 핵심 질문을 삶으로 끌어들이고 깊이를 더한다. 글, 자극, 참여의 규칙, 최종 평가는 다음의 기준에 비춰볼 때 학습 설계가 성공하는 데 필요한 핵심 요소를 제공한다. 그 기준에는 흥미로운 질문(어른이나 또래 친구들과 함께라면 좋겠지만 그렇지 않고 홀로 고통스럽게 지혜, 어리석음, 맹목성에 대해 알게 되는 청소년들에게는 특히), 본질적인 모호성, 명확히 다른 관점, 개념에 대한 신중한 질문 제기와 꼼꼼한 독해를 요구하게 될 다양한 양면성이 포함된다.

더 어린 학생들에게 이런 식의 접근이 너무 복잡할 것이라고 생각하는가? 만약 그렇다면 초등학교 학생을 대상으로 "진정한 친구는 누구인가?"라는 핵심 질문에 관해 동일한 체계를 이용한 아래의 예를 살펴보자.

1단계: 지도 전 계획 및 설계하기

예: 핵심 질문과 관련이 있고 그에 관해 서로 다른 견해를 제시하는 세 가지 다른 글을 골라라(예:『개구리와 두꺼비는 친구(Frog and Toad Are Friends)』혹은『샬롯의 거미줄(Charlotte's Web)』).

2단계: 처음 질문 제기하기

예: 생활 속 우정에 관해 그 예와 이유를 들어 간단한 토론부터 시작하라. 여러분의 친구는 누구인가? 어떻게 친구가 되었는가?

3단계: 다양한 학생 반응 유도하기

예: "일반적으로 어떤 이유로 친구가 되고 어떤 이유로 친구가 되지 못한다고 말할 수 있을까?"라고 물어보라. T자형 표를 이용해 대답을 요약하라.

4단계: 학생 반응(및 질문 자체를) 검토하기

예: 친구는 단순히 여러분이 매일 어울려 놀거나 만나는 사람인가? '영원한 최고의 친구'는 정말로 무엇을 의미하는가?

5단계: 질문과 관련한 새로운 정보와 관점 소개하기

예:『개구리와 두꺼비는 친구』중「봄」부분을 읽고 우정과 거짓말에 관해 이야기해보라. 예를 들어, 진정한 친구는 친구에게 거짓말을 할까? 개구리와 두꺼비가 서로에게 '불친절한' 행동을 하는 게 있는가? 그래도 이 둘을 친구로 부를 수 있을까? 일반적인 친구와 진정한 친구와의 차이가 있는가?

6단계: 깊이 있고 꾸준한 탐구를 통해 결과물과 성과로 끝맺기

예: 같거나 유사한 질문을 이용하여『샬롯의 거미줄』을 탐구한다.

7단계: 잠정적 결론 내기

예: 그렇다면 진정한 친구는 누구이고, 그 이유는 무엇인가? 도식을 활용하여 글과 학생들이 제시한 질문의 대답을 비교하고 대조하라.

8단계: 개별 학생의 탐구 및 대답 평가하기

예: 다음 중 하나를 선택하라.

- 다른 사람들에게 진정한 친구인지를 판별하는 방법을 알려주는 안내서를 만들어라.
- 우정 웹사이트에서 진짜 친구를 '주문'하는 척해보라.
- 진정한 친구를 '구하는 광고'를 만들어보라. 여러분은 어떤 특징을 원하는가?

이 같은 체계는 깊이 있는 탐구에 앞서 우리가 단원을 디자인할 때 필요한 요소와 단계를 충분히 생각할 수 있게 도움을 준다. 이러한 '충분한 생각'은 필수적이다. 교과서나 학습 범위에서 도출되는 전형적인 수업 계획은 진정한 탐구에 집중된 깊은 사고나 관점의 변화를 포함하는 경우가 드물기 때문이다. (앞서 제시된 단계의 수나 세세한 사항에 집착하지 마라. 이 체계는 여러분이 보다 사려 깊게 수업 설계를 하는 데 도움을 주기 위한 장치에 불과하다는 사실을 기억하라.)

4. 반응 전략

핵심 질문을 가지고 수업을 하기 위해 이와 같은 체계는 필요하지만 이것만으로 충분하지는 않다. 핵심 질문을 최대한 이용할 수 있는 열쇠는 후속 질문과 이어지는 학습 활동의 활용에 있다. 보다 많은 학습자를 사로잡으며 그들의 사고와 의미 구성을 확장시킬 수 있다고 입증된 실질적인 기술이 다음에 제시되어 있다. 이러한 방법은 수업 시간에 던지는 대부분의 질문과 함께 사용되지만, '정답'이나 예상되는 답이 없는 개방형 질문과 함께 사용될 때 특히 효과적이다.

1) 기다림의 시간 갖기

'기다림의 시간'은 질문을 제시한 후 이어지는 교사의 침묵 시간(기다림의 시간 I)과 질문에 대한 학생들의 첫 반응이 나온 후 이어지는 교사의 침묵 시간(기다림의 시간 II)을 일컫는다. 기다림의 시간에 대한 광범위한 연구는 이와 같은 간단한 기술을 사용했을 때 다음의 몇 가지 이점이 있었다는 사실을 확증해 준다(Rowe, 1974; Tobin & Capie, 1980; Tobin, 1984).

- 학생들의 반응 시간이 길어졌다.
- (토론과 관련된) 보다 자발적인 의견 제시가 더욱 빈번하게 이뤄졌다.
- 학생들의 설명에 논리적 일관성이 높아졌다.
- 추론을 뒷받침하기 위해 학생들이 자발적으로 근거를 이용하는 사례가 많아졌다.
- 사색적 반응의 빈도가 증가했다.
- 학생들의 질문 수가 증가했다.
- '더딘' 학생들의 참여율이 증가했다.

위 결과는 초등학교와 중학교, 고등학교, 대학교에서 모두 나타난 것으로 입증되었다. 교사 행동 측면에서 보자면 기다림의 시간 기술을 주기적으로 사용한 결과, 다음의 변화가 나타났다.

- 높은 수준의 평가적 질문 사용량이 많아졌다.

- '교사가 말하는' 비중이 줄어들었다.
- 교사는 보다 높은 반응 유연성을 보였다.
- '더딘 학습자'로 분류된 학생의 성취도에 대한 교사의 기대가 향상되었다.

(학생들의 반응이 나온 후 기다리는) 기다림의 시간 II에 대해 말하자면, 교사가 학생의 반응에 바로 대응하지 않을 때 학생이 자신이 제시한 답을 자세히 설명하거나 뒷받침(혹은 수정)할 가능성이 커지고, 다른 학생들도 절대적으로 이에 동참하여 함께 의견을 제시하게 된다.

2) 생각하기-짝을 이루기-함께 이야기하기

교실 안에서 기다림의 시간을 실행하기 위한 실질적이고 효과적인 수단이 프랭크 라이먼 박사(Frank Lyman, 1981)와 그의 동료들에 의해 개발되었다. '생각하기-짝을 이루기-함께 이야기하기(Think-Pair-Share: TPS)'로 알려진 이 전략은 생각하기 위해 시간을 다양한 형태의 주기로 구조화한다. 이 주기에 따르면, 학생들은 질문이나 발표를 듣고 조용히 생각할 시간을 개별적으로 갖는다. 이 시간에 학생들은 대화를 하거나 손을 들어 대답할 수 없다. 그러나 머릿속에 있는 내용을 적거나 도표로 만드는 것은 권장된다. 지정한 시간에 교사가 신호를 보내면 학생들은 짝을 이룬 후 서로의 생각을 나눈다. 짝과 생각을 교환한 후 일반적으로 학급 토의의 형태를 띤 함께 이야기하기 시간을 갖는다. '생각하기-짝을 이루기-함께 이야기하기'는 충분히 입증된 기다림의 시간의 효과와 협동학습의 인지적·정서적 이점을 결합한 것이며, 이러한 효과는 모두 수월하게 관리되는 학급 일과에서 나타난다. '생각하기-짝을 이루기-함께 이야기하기'는 부끄러움을 타거나 자신감이 부족한 학생에게 학급 전체나 교사 앞에서 대답하기 전에 안전한 공간에서 대답하는 연습을 할 기회를 줌으로써 모든 학생이 적극적으로 교사의 질문에 참여할 수 있도록 한다.

3)임의로 호명하기

우리는 질문에 대답하기 위해 손을 드는 학생만 호명하는 습관을 버릴 것을 교사에게 강력히 권고한다. (사실 시간이 흐르면서 교사는 일반적인 대화에서처럼 학생들이 아예 손을 올리는 행위를 멈추길 원할 것이다.) 이때 선택할 수 있는 방법에는 모든 학생이 대답을 할 동등한 기회(예: 제비뽑기를 통해서 정하기)를 얻을 수 있는 '임의로 호명하기'와, 모든 학생이 무언가를 말할 준비가 되어 있는 것으로 기대하면서 꾸준히 말을 한 학생은 때때로 일정 시간 동안 질문 대상에서 제외하는 '대상 지정 호명하기'가 있다. 이와 같은 방식을 통해 학생을 임의로 혹은 의도적으로 호명하는 절차는 다소 단순하고 노골적으로 보일 수 있지만, 익숙한 역할과 오래된 교실에서의 관습을 타파할 수 있는 기회를 학습자와 교육자 모두에게 준다. [특히 명확하고 실질적으로 서술된 이 기술에 대한 설명은 레모브(Lemov, 2010)에서 볼 수 있다.] '임의로 호명하기'를 지지하는 학자인 딜런 윌리엄(Dylan Wiliam, 2007/2008)은 특히 베테랑 교사를 위해 안이한 지도 관행을 바꾸는 도전에 관한 이야기를 구체적인 예를 들어 설명한다.

몇 년 전, 한 초등학교 교사가…(중략)… 그녀는 내게 자신의 질문 기술을 바꾸려고 노력한다고 말했습니다. 그녀는 자신의 질문에 대답할 학생을 임의로 선정―빤히 예상되는 일부 학생이 아니라 다양한 학생들로부터 대답을 유도하여 학생 참여도를 높이는 기술―하기 위해 학생의 이름이 적힌 아이스크림 막대를 사용하여 제비뽑기를 하기 원했습니다. 그러나 그녀는 자동으로 "누구라도…?"라는 말로 대부분의 질문을 시작했기 때문에 특정 학생을 호명하기가 어려웠습니다. 그녀는 답답함을 느끼며 왜 이렇게 간단한 변화가 그처럼 어려울 수 있는지 궁금했습니다. 이 교사는 25년째 학생을 가르치고 있었습니다. 우리는 그녀가 경력을 쌓아나가면서 아마도 50만 번의 질문을 학생들에게 했을 것이라 생각했습니다. 여러분이 무언가를 하나의 방식으로 50만 번 했다면 그것을 다른 방식으로 하기란 무척 힘들 것이니까요! (p. 38)

'예상하지 못한 호명'으로 수업 방식을 전환하기란 학생뿐 아니라 교사에게도 도전이 될 수 있다. 익숙하고 편안한 교육적 규범을 변경하면 여러분은 처음에 학생들로부터 반발을 살 수 있다. 그럼에도 불구하고 끈기 있게 학생들의 반대에 맞서면 여러분의 교실에 '새로운 규칙'이 확립될 것이다. 즉, 모든 학생이 훌륭한 질문 대상이 되고 그들이 귀를 기울이며 수업에 참여하는 것을 기대할 수 있다.

이러한 기술을 응용한 것이 '학생 호명'이다. 이때 교사는 한 학생에게 응답을 할 다른 학생을 지목하도록 요구한다("매리언, 대답할 사람을 호명해줄래요?"). 우리의 경험으로 미루어봤을 때 학생들은 종종 자신의 친구나 때로는 싫어하는 학생을 호명할 것이다! 어느 쪽이든 이 방법은 교실에 자극을 주고 모든 학생이 긴장하도록 만든다. 더욱 중요한 사실은 이 방법은 학생들이 더욱 자율적으로 공동 탐구를 시작하고 수행할 수 있는 무대를 마련해준다.

그러나 학생의 적극적인 경청을 촉진하는 또 다른 방법은 "저스틴, 마리아가 말한 핵심을 요약해줄래요?"와 같이 주기적으로 학생들에게 자신이 들은 내용을 요약하도록 하는 것이다. 그리고 처음 대답을 했던 학생에게 다시 물으며 그가 말했던 내용을 확인한다. "마리아, 저스틴이 마리아의 생각을 정확히 포착했나요?" 이러한 기술을 꾸준히 사용하면 자율성과 관련이 있는 바람직한 결과가 탄생한다. 즉, 학생이 주도적으로 자신의 의견을 명확하게 밝히고 다시 수정하여 발표하기 시작하게 된다. (이와 같은 개념은 123쪽 이하 소크라테스식 문답 토론 수업에 관해 언급한 절에서 상세하게 다루어질 것이다.)

4) 학급 조사

모든 학생들의 반응을 독려할 몇 가지 방법을 이용함으로써 교사는 학급 전체가 질문에 대해 대답을 하도록 이끌 수 있다. 아마도 가장 간단한 방법은 학생에게 엄지를 내리거나 올리는 행위와 같은 손 신호를 사용하도록 하는 것이다. 예를 들어, "여러분은 ~라는 저자의 주장에 동의하나요?"라고 물을 수 있다. 이에 대한 반응은 추가적인 캐문기("왜 그렇게 생각하나요?"), 논쟁("로베르토, 알렉시스의 의견에 왜 반대하는지 말해보세요."), 다른 생각을 가진 사람들과의 짝을 이룬 토론("다른 시각을 가진 사람을 선정한 후 여러분의 입장을 설명하세요.")을 위한 문을 열어준다.

일부 교사는 학생들에게 작은 칠판을 사용하여 질문과 조언에 대한 짧은 대답을 적도록 한다. 이 방법은 지식을 확인하기 위해 보다 일반적으로 사용되기도 하지만, 칠판은 때때로 더욱 열린 질문을 위한 수업에 효과적일 수 있다. 예를 들어, 대학의 역사 교수가 20세기 미국 대통령 중 누가 가장 실망스러운 유산을 남길까요? 그 이유를 발표할 준비를 하세요."라고 말한다고 해보자. 자신들이 생각하는 다양한 답변이 적힌 칠판을 들고 있는 학생들과 이어지는 토론으로 후끈 달아오른 강의실을 상상해보라!

오늘날 사회의 대부분의 측면에서 그렇듯, 비용이 저렴한 기술이 여러 보조용 수단으로 이용 가능해졌다. 학급 조사의 경우 클릭 장치(clickers)라고 비공식적으로 알려져 있는 학생 반응 시스템을 이용하여 학생들의 무선 투표를 용이하게 관리할 수 있다. 이러한 작은 기기들은 교사가 모든 학생들의 즉각적인 반응을 알 수 있도록 하고, 그 결과를 컴퓨터나 태블릿을 통해 바로 보여준다. 휴대전화도 현재 같은 목적으로 사용할 수 있다. 첨단 기술이든 저차원 기술이든 이처럼 조사에 사용할 수 있는 기술을 주기적으로 사용하면 수업 시간 내내 신이 나서 입을 여는 학생들의 주도력뿐 아니라 그렇지 못한 학생의 소극성을 중화시킴으로써 교실의 활력을 변화시킬 수 있다.

5) 한 가지 이상의 답변

우리가 언급했듯이, 효과가 있는 핵심 질문은 본질적으로 열려 있어서 토론과 때로는 논쟁을 촉발하도록 설계되어 있다. 그렇기 때문에 교사는 깊은 생각에서 나온 추론이나 견고해 보이는 결론이 나오면 이것이 중단되지 않도록 신경을 써야 한다. 앞에서 설명한 4단계 체계의 2단계에서 제안했듯이, 우리는 교사들에게 최소한 두세 가지 다른 대답을 요구하도록 권장한다. 그러고 나서 상정된 다양한 생각들을 비교하고 시험하기 위해 검토하라. 그럴듯한 서로 다른 대답이나 관점이 부재하다는 것은 여러분의 핵심 질문이 지나치게 제한적이거나 너무 추상적이고 모호하여 학생들이 다른 시각을 제시할 수 없다는 명백한 징후이기도 하다.

6) 사고와 근거 뒷받침을 위한 탐사 질문하기

탐사 질문의 가치는 오랫동안 소크라테스식 대화의 주요 요소로 인식되어 왔으며, 여러 연구 결과는 이러한 가치를 확증한다(Krupa, Selman, & Jaquette, 1985). 그러나 연구는 또한 많은 교실에서 탐사 질문이 드물게 시행된다는 사실을 지적한다(Newmann, 1988). 교사는 "왜 그렇죠?", "자세히 설명해보겠어요?", "여러분의 대답을 뒷받침하게 위해 어떤 근거를 제시할 수 있죠?"와 같은 탐사 질문을 사용하여 학생들이 다양한 근거를 고려하고 따져보도록 강하게 요구하고, 그들의 추론과 귀납법의 타당성을 검토한다. 또한, 다른 관점을 고려하고 어떻게 하여 특정 결론에 도달하게 되었는지를 밝히기 위해 자신의 사고를 '분석'하도록 격려한다. 탐사 질문은 학생들로 하여금 사실에 입각한 내용을 기억하고 학습한 대답을 기계적으로 되풀이하여 말하는 것을 넘어서, 자신이 가지고 있는 지식을 확장하고, 아는 것을 모르는 것에 적용하며, 아는 것을 부연 설명하면서 해당 지식의 이해를 심화시키도록 한다.

탐사 후속 질문은 학생들의 사고와 의미 구성을 독려하는 핵심 질문과 기타 열린 질문을 사용할 때 '필수적'이다. 다음은 우리에게 익숙한 탐사 질문의 예다.

- ＿＿＿＿은 무슨 뜻인가요?
- 왜 그렇죠?
- 자세히 설명해보겠어요? 더 이야기해보세요.
- 다른 말로 말해보겠어요? 핵심이 이해가 가지 않아요.
- 그것을 설명하기 위해 예시나 비유를 들어보겠어요?
- 이것은 (우리가 예전에 이야기했던 것, 우리가 지난주에 읽었던 것과) 어떤 연관이 있나요?
- 이것에 대한 또 다른 관점을 제시할 수 있을까요?
- 그것을 말할 때 가정하고 있는 것은 무엇인가요?
- ＿＿＿＿을 말하고 있는 거지요?

관련이 있는 후속 기술은 대답에 대한 정당한 설명과 근거를 묻는 것을 수반한다. 관련 예가 다음과 같이 제시되어 있다.

- 왜 그렇게 생각하나요?
- 당신의 근거는 무엇인가요?
- 당신의 추론은 무엇인가요?
- 이 글/정보에서 근거를 찾을 수 있나요?
- 이 정보는 당신의 결론을 어떻게 뒷받침하나요?
- 그러나 앞서 우리는 ＿＿＿＿라고 말하지 않았나요? 지금 당신이 말하고 있는 내용과 상충하는 것 같은데요? 분명히 말해주겠어요?
- 이것은 이 글이 ＿＿＿＿쪽에서 말하는 것과 어떻게 일치하나요?

근거를 꾸준히 요구하는 것은, 답변과 의견은 필요한 것이지만 그것으로 충분하다고 할 수 없다는 사실을 분명히 한다. 박사학위 논문을 쓸 때와 마찬가지로 학생들은 입장을 가지고 있어야 하는 것뿐 아니라 자기 입장을 방어할 수 있어야 한다.

7) 악마의 대변자

학생들이 사고하도록 독려하기 위해 사용되는 또 다른 기술은 교사(그리고 결과적으로 학생들)가 악마의 대변자[1]로서 역할을 담당하는 것이다. 학생들의 해석이나 결론에 계획적으로 도전하거나 대체 관점을 제시함으로써 우리는 명확하고 정당한 설명을 독촉한다. 대답에 이어지는 악마의 대변자의 예가 다음과 같이 제시되어 있다.

- 저는 동의하지 않습니다. 저를 납득시키세요.
- _____라고 말하는 사람들에게 어떻게 대답할 수 있을까요?
- 다른 관점에 대하여 고려해보았나요?
- 완전히 다른 생각이나 이유를 가지고 있는 사람은 누구일까요?
- 그것은 정말로 어느 한쪽/양자택일일까요? 이것에 대한 다른 '올바른' 대답이나 사고방식이 있지 않을까요?

여러분이 담당하고 있는 이 역할에 대하여 충분히 설명하여 학습자가 여러분의 태도를 개인적으로 받아들이지 않도록 하는 것이 중요하다. (우리가 알고 있는 한 교사는 할로윈 의상인 악마의 뿔을 달고 자신이 학생들의 생각에 도전장을

1　여기서 악마의 대변자(Devil Advocate)는 비유적인 표현으로서, 학생들에게 끊임없이 이의를 제기하여 사고를 하도록 유도하는 교사의 역할을 강조한다.

던질 것이라는 진지한 신호를 재미있게 전달한다!) 시간이 지나면서 우리는 학생들이 논쟁과 소크라테스식 문답 토론 수업 시간에 서로를 위하여 (깍듯한 자세로) 특히 악마의 대변자 역할을 해주길 바랄 것이다. 더 나아가 웅변과 토론 수업을 위한 훈련에 일반적으로 사용되는 전략의 일환으로 우리는 학생들에게 자신이 믿고 있는 것과 반대되는 시각에 대한 주장을 펴도록 할 수 있다.

5. 부정확하거나 부적절한 대답 다루기

일부 학생이 핵심 질문을 포함한 학습 질문에 부정확하고 깊이가 없으며 어리석고 주제에서 벗어난 대답을 할 것이라는 사실은 분명하다. 아이들은 때로는 단순히 교사를 시험해보려 하거나 학급 친구를 즐겁게 하기 위해 부적절한 언급을 한다. 학기 초 이러한 반응에 대한 대처 방식이 남은 전체 학기의 수업 분위기를 결정한다. 탐구를 촉진하는 기술은 학생의 대답을 듣고 그것을 그럴듯하게 만들어주며, 의견은 필요하지만 그것으로 충분할 수 없다는 사실을 분명하게 하기 위한 방법을 이해하는 것이다. 현재 다루고 있는 주제와 학생들이 제시한 대답을 깊이 있게 이해하는 것이 목표다.

의도적으로 다른 사람에게 상처를 주는 발언이나 저속한 발언이 용납되어서는 물론 안 된다. 그저 학생을 가만히 응시하는 것만으로도 충분할 수 있다. 혹은 "켈리, 그런 발언은 용인되지 않는다는 것을 알고 있잖아."라는 식으로 말할 수도 있다. 그러나 학생이 정직하게 말하려고 할 때는 '틀리'거나 충동적인 대답에 대해 세심한 태도를 취하는 것이 적절하다. 여기에서 우리가 말하고자 하는 조언은 단도직입적이다. 가능한 학생의 대답을 평가하지 말고 객관적인 태도를 취하라는 점이다. 특히, 학생이 사실에 입각한 정보나 추론을 말하다가 실수를 할 때 그가 어리석게 보이거나 바보가 된 것 같은 느낌을 줄 수 있는 논평이나 어조 등으로 깎아내려서는 안 된다. 어떤 경우 여러분은 이미 앞서 기술한 다양한 탐사 질문을 활용하여 학습자가 자신의 생각을 분명하게 말하는 것을 도울 수 있다. 또 다른 경우에는 언급한 사실을 재빨리 정정하되 그 질문의 중요성을 강조할 수 있다. 또는 그 질문의 방향을 바꾸고 다른 학습자를 참여시키는 것이 최선일 수 있다.

경험에 의거한 일반적인 법칙에 의하면, 의견 제시로서 적절하게 나온 대답은 설사 결함이 있더라도 인정해야 하며, 실수는 필요하고 기대되는 학습의 일부라는 분위기를 조성해야 한다. 사실상 '이해하게 되는'이라고 이 책에서 흔하게 쓰인 어구는 시간이 흐르면서 진행되는 과정을 암시한다. 우리 중에 깊은 통찰을 즉각적으로 깨닫는 사람은 거의 없다. 그렇기 때문에 시간이 흐르면서 핵심 질문을 되풀이하는 것이야말로 필수적이다.

핵심 질문을 사용하기 위한 이 모든 조언과 대답에 대한 기술은 경험에 의거한 간단한 법칙으로 정리할 수 있다. 교사가 할 일은 심도 있는 대답과 질문을 유도하고 조심스러운 심판의 역할을 하며 신중한 경청자가 되는 것이다.

6. 학생의 질문 유도하기

여러분이 교사가 개발하는 핵심 질문과 학생이 던지는 질문 사이의 관계에 대해 궁금하게 여기는 것은 당연하다. 학생의 탐구가 목표라면 학생이 하는 질문이 추진력으로 작용하는 교수법을 채택하는 것은 어떨까? 더 일반적으로는, 핵심 질문을 이용하는 수업에 대한 계획을 세우거나 지도를 할 때 학생이 하는 질문은 어떤 역할을 할까?

최근에 발간된 한 책은 『한 가지만 바꾸기: 학생에게 자신만의 질문을 하도록 지도하기(Make Just One Change: Teach Students to Ask Their Own Questions)』(Rothstein & Santana, 2011)라는 제목을 통해 이 점을 분명하게 밝히고 있다. 이 책의 저자들은 학생 질문 개발의 중요성에 대해 명쾌하게 주장하며 그것을 완성할 수 있는 실질적인 체계를 제공한다. 그들의 주장은 1세기 전에 나왔던 존 듀이의 의견을 되풀이하는 것이다. 즉, 민주주의는 시민의 적극적인 참여에 달려 있으며 참여에 가장 큰 힘을 부여하는 것은 단순히 다른 사람의 질문에 대답하는 것이 아니라 질문을 할 수 있는 능력이다.

학생 질문과 관련이 있는 주장은 독서에 대한 연구에서 나왔다. 연구원인 안네마리 팰린사(Annemarie Palincsar)와 앤 브라운(Ann Brown)은 독자가 자신만의 질문을 형성할 때 글의 처리와 의미 구성에 보다 적극적으로 개입한다는 사실을 알아냈다. 게다가 자신만의 질문을 하는 학생은 교사의 질문과 반응에만 의존하지 않고 자신의 이해 여부를 확인할 수 있다(Palincsar & Brown, 1984; Raphael, 1986).

우리는 자주적이고 주도적인 학생 질문의 최종 목표를 전폭적으로 지지하지만, 주의를 당부할 게 있다. 교사가 총체적인 교육과정의 목표와 이를 뒷받침하는 핵심 질문의 틀을 완성하지 않은 채 학생들의 질문을 단순히 유도하고 밀어붙인다면 보장되고 실행 가능한 교육과정은 있을 수 없다. 사실 폭넓은 개념은 추상적이고 반(反)직관적이기 때문에 학생들이 과학, 문학, 수학, 예술, 기타 과목에서 심도 있는 이해를 위한 문을 열어줄 질문을 제시할 가능성은 굉장히 적다. 더 솔직히 말하자면, 아이들은 호기심과 탐구심이 놀라울 정도로 많지만 그들이 하는 질문은 지적으로 막다른 길, 혹은 재미는 있지만 두서없는 이야기로 흐르는 경우가 있다. (1960년대와 1970년대에 학교에 다녔거나 교단에 섰던 우리들은 그 시대의 '흐름에 따르는' 안일함을 기억할 것이다. 이러한 풍조는 나름의 매력이 있었지만 목적과 효과가 불충분한 경우가 많았다.)

전문가로서 어떠한 질문이 분명하게 구별되는 동전의 양면을 충족하는지 알아내는 것이 우리의 일이다. 학생의 흥미를 불러일으키고 주제에 대한 심도 있고 성공적인 이해를 최대한 가져올 수 있는 질문을 알아내야 한다. 그렇다. 훌륭한 교사는 학생의 질문을 이용하여 학업 목표를 충족하는 학습을 구성할 수 있다. 그러나 이와 같은 쟁점을 학생의 손에 맡기게 되면 핵심 개념이 가려지게 된다. 교사는 가르치는 학습 내용에 중심적인 핵심 질문과 생각을 안 상태에서 학업 목표를 달성할 수 있도록 재치 있으면서도 확고한 노력을 통해 학생의 흥미와 재능을 개발해야 한다. 이 차이를 구분하는 것은 듀이가 활동하던 시대만큼이나 오래됐다. 우리는 '학생이 흥미를 가지고 있는 것'과 '학생의 발전을 위한' 학습을 혼동하지 말아야 한다.

그렇기 때문에 "누가 이 질문을 제시해야 하는가?"라는 질문은 잘못된 이분법이다. 쟁점은 교사의 질문 대 학생의 질문으로 구분하는 데 있는 것이 아니라 유목적적인 태도로 이 둘을 어떻게 조화시키는지에 있다. 다시 말하면, 핵심 질문의 골자는 단순히 학생의 호기심을 불러일으키는 것뿐만 아니라 학생이 훌륭한 교육에서 중요한 학문적 개념을 탐구할 수 있도록 돕는 것이다. 질문과 이에 대한 올바른 추구를 통해 두 개의 목표, 즉 학문적 이해와 개인적 의미 구성이 모두 이뤄져야 한다.

핵심 질문을 효과적으로 사용하면 필연적으로 학생 질문의 수가 증가하기 마련이고, 반드시 그래야만 한다. 우리가 반복적으로 이야기했듯이, 최고의 핵심 질문은 의문을 갖게 만들 필요가 있고 제시된 모든 대답은 잠정적인 것으로 다루어져야 하기 때문에 반응으로 나오는 비판적이고 기발한 질문에 열린 마음을 가져야 한다. 교육과정의 기반으로서 학생의 질문에 지나치게 의존하는 데 대해 던지는 우리의 경고를 학생 주도의 기획, 과제, 혹은 연구에 대한 거부로 이해하지 마라. 최고의 교육과정 단원의 상당수는 학생에게 생각과 쟁점을 자신만의 용어로 탐구할 수 있는 풍부한 기회를 제공한다. 의미 구성을 위한 교육과 자율성 개발은 이러한 기회를 요구한다. 우리는 모두에게 도움이 되면서 모두가 흥미를 가질 수 있는 필수적인 이해를 개발하기 위해 교사와 학생 모두가 질문을 활용해야 한다는 사실, 즉 양측의 조화가 요구된다는 점을 환기하고 있을 뿐이다.

7. 질문의 자율성 개발하기

핵심 질문을 사용하는 장기적인 목표는 학생이 궁극적으로 교사의 지시를 받지 않고 그러한 질문을 묻고 추구하도록 하는 것이다. 그렇다면 어떻게 하면 질문의 자율성을 가장 잘 개발할 수 있을까?

읽기와 쓰기 능력과 관련된 연구에서 자율적인 독서와 학생들의 이해라는 장기적인 목표를 설명하기 위해 흔하게 사용되는 어구는 교사의 "점진적인 책임 이양"이다. 피어슨과 갤러거(Pearson & Gallagher, 1983)는 교사가 학습자를 어른의 도움으로부터 점진적으로 떼어내어 궁극적으로 그들이 과제를 자주적으로 수행할 수 있도록 하는 방법을 설명하기 위해 이 어구를 만들었다. 다음은 안네마리 팰린사와 앤 브라운(Palincsar & Brown, 1984)의 생각을 간략하게 요약한 내용이다.

아이들은 처음에는 전문가와 함께 특정한 인지적 활동을 경험하고 점차적으로 이와 같은 기능을 혼자서 수행하게 된다. 우선 전문가(부모, 교사, 장인 등)가 대부분의 인지적 작업을 직접 하면서 아이의 활동을 지도한다. 아이는 처음에 관찰자로서 참여한 후, 실질적인 작업에 약간의 책임을 지는 초보자로 활동한다. 아이가 더 많은 경험을 쌓고 어른이 반복적으로 시범으로 보여줬던 보다 복잡한 부분을 해당 작업에서 수행할 수 있게 되면 옆에서 도와줬던 어른은 점진적으로 자신의 책임을 줄여간다. 아이가 주도권을 잡고 그가 흔들릴 때 어른이 수정해주고 지도하는 과정에서 그들은 인지적인 작업을 공유하게 된다. 마침내 어른은 사고하는 주요 역할을 아이에게 넘겨주고 힘을 주고 공감하는 관객의 입장을 취하게 된다. 처음에 아이를 도와준 어른은 아이가 더욱 강력한 전략을 사용하고 그것을 보다 광범위하게 적용할 수 있도록 이끌면서 모범적인 예를 제시하는 비평가이자 질문자의 역할을 한다. 언젠가 질문자와 비평가의 역할을 아이가 맡게 될 때 그는 자기 규제와 자기 심문을 통해 이러한 기능을 스스로 실현할 수 있게 된다. 성숙한 학습자는 질문을 하는 비평가의 역할을 스스로에게 부여할 수 있다. (p. 123)

교사의 점진적인 책임 이양 모형은 애초에 독서 지도를 위해 개발되었지만 학교 안팎에서 어떠한 과목, 어떠한 나이의 대상, 어떠한 배경에든 적용 가능한 독립적인 기술 개발에 도움이 되는 일반적인 도식을 제공한다. 의존적 활동에서 자주적 활동으로의 전진을 위한 간단한 두 가지 규약이 다음과 같이 제시되어 있다.

- 내가 하고 여러분이 지켜본다.
- 내가 하면 여러분이 돕는다.
- 여러분이 하면 내가 돕는다.
- 여러분이 하고 내가 지켜본다.

- 내가 그것을 시범 보이면 여러분이 그것을 한다.
- 여러분이 그것을 하면 내가 반응을 보이고 안내를 한다.
- 여러분이 연습을 하고 개선한 후 스스로 평가한다.
- 여러분이 그것을 하고 내가 지켜본다.

다음은 학생 자율성의 정도를 측정하기 위한 샘플 평가표이다.

자립 단계	내용
독립적	학습자가 완전한 자율성을 갖추고 과제를 효과적으로 수행한다.
약간의 지원 필요	학습자가 아주 적은 지원(예: 교사로 부터 얻는 한두 개의 단서나 기억을 상기시키는 실마리)을 받으며 과제를 수행한다.
지원 필요	학습자는 과제를 수행하기 위해 단계별 지도와 지원 도구(예: 도식 조직자와 점검 사항 대조표)가 필요하다.
단순화한 과제 요구, 상당한 지원 필요	학습자가 단순화한 과제를 필요로 하며 지속적인 반응과 조언, 검토, 재지도를 요구하고 과제를 수행하기 위해 지속적인 격려를 받을 필요가 있다.
독립적이지 못함	상당한 지원이 있음에도 불구하고 학습자가 과제를 수행하지 못한다.

　　이러한 진행은 핵심 질문 사용에 자연스럽게 적용될 수 있다. 우리가 교사(점진적 책임 이양)에 초점을 맞추든, 학생(책임 증가)에 초점을 맞추든 간에 핵심은 같다. 시간이 흐르면서 학생은 질문을 던지거나 그 질문에 스스로 대답을 함으로써 점점 자발적으로 탐구와 토론을 진행하게 할 필요가 있다. 교사로서 당신의 목표는? 시간이 지나면서 스스로를 필요 없게 만들어라!

8. 소크라테스식 문답법

핵심 질문 탐구에 대한 학습자의 자기주도적 참여를 위한 공식적인 접근법은 소크라테스식 문답법으로 알려져 있다. 이 개념은 세인트 존 칼리지의 '고전 읽기 프로그램(Great Books Program)'과 컬럼비아 대학 및 시카고 대학에서 사용되는 토론식 수업 접근법에 오랜 뿌리를 두고 있지만, 모티머 아들러(Mortimer Adler)가 30년 전 『파이데이아 제안(The Paideia Proposal)』(1982)을 통해 이것을 널리 알렸다. 아들러는 세 개의 관련된 교육 방식이 뒷받침하는, 명백하게 다른 세 가지 교육 목표 체계—조직화된 지식 습득, 지적 기능 개발, 개념과 가치에 대한 폭넓은 이해—를 주장했다. 아들러가 말하는 세 번째 목표인 폭넓은 이해는 다음과 같다.

> 이것은 설교나 개인적인 지도와 관련된 것이 아니다. 이것은 말이나 교과서 사용을 통한 지도가 될 수 없다. 이것은 학생이 생각을 낳도록 돕는 소크라테스식 지도 방식이 되어야 한다. 이것은 질문을 하고 토론을 이끌며 생각을 끌어올림으로써… 이해나 인식의 단계에 이르도록 지도하는 것이다. (p. 29)

소크라테스식 문답법은 글 속의 중요한 생각을 탐구하고 밝히기 위해 핵심 질문을 사용하는 엄정한 체계를 제공한다. 엘피 이스라엘(Elfie Israel, 2002)은 소크라테스식 문답법과 수업 참여자들이 얻을 수 있는 많은 이점을 간략하게 규정하고 있다.

> 소크라테스식 문답법은 글을 바탕으로 한 공식적인 토론으로서 토론의 통솔자가 열린 질문을 한다. 토론의 맥락 안에서 학생들은 직접 비판적인 사고를 하고 다른 사람의 논평을 경청하며 자신의 생각과 다른 사람의 생각에 대한 대답을 분명하게 표현한다. 학생들은 협력하고 현명하고 예의 바르게 질문을 하는 법을 배운다. (p. 89)

앞의 설명에서 알 수 있듯이, 토론 수업은 학생들의 지속적인 탐구와 의미 구성을 목표로 한다. 이 목표는 전문가적 이해를 달성하는 것만은 아니다. 이러한 수업의 의도는 학생이 전문 탐구자로서 '경기를 하도록', 즉 근거와 논리로 뒷받침되는 방어적이고 체계적인 해석을 하면서 중요한 질문을 던지고 대답하는 능력을 향상시키도록 하는 것이다. 일단 진행된 토론 수업의 목표는, 제시된 주장을 탐구하고 언급되는 내용을 이해하도록 하며 이것을 앞서 근거로 언급되고 인용된 것과 비교하게 하는 것이다. 그렇기 때문에 토론 수업에서 핵심 질문은 단순히 학생으로 하여금 학습 내용에 대한 대화에 참여하도록 하여 좀 더 많은 지식을 습득시키는 데 사용되는 것이 아니다. 핵심 질문의 보다 근본적인 목적은 이해의 틀을 완성하고 그것을 다른 데 적용해보려는 시도인 적극적인 의미 구성을 요구한다. 이는 의미란 교사가 아닌 학습자에 의해 만들어진다는 구성주의의 본질이다.

'경기를 한다'는 표현이 암시하듯이, 토론 수업은 전형적인 교사 주도의 수업에서 벌어지는 일보다 학생 운동선수와 예술가가 하고 있는 일과 더 유사하다. 토론 수업의 목표는, 운동장이나 무대에서와 마찬가지로, 학생들이 자율적이고 주도적이며 전략적으로 지식과 기능을 사용하도록 하는 것이다. 축구나 농구를 할 때도 그렇지만, 학생들이 운동장에서든 교실에서든 코치나 교사가 매번 다음 '움직임'에 대해 지시할 때까지 소극적으로 기다린다면 성취 지점과는 반대로 가게 된다. 대신 학생들은 서로에게 질문을 하고 언급된 내용 중 일치하지 않는 것을 지적하는 등 교사의 움직임을 습득하는 법을 배우고, 교사는 침묵을 지키며 신중하게 경청하는 법을 배워야 한다.

또 다른 의미에서 토론 수업을 하는 교사는 학생들의 탐구를 지도하는 코치 역할을 한다. 교사는 짧은 지도 후 학생들이 협력하거나 개인적으로 탐구라는 경기를 할 때 사이드라인으로 물러서서 지켜보고 경청하는 코치다. '경기' 전과 후에 교사는 여느 코치처럼 협력적 탐구와 토론의 기능과 전략을 훈련시키고, 학생들의 기량을 바탕으로 학급 전체와 개인에게 맞는 구체적인 반응과 필요한 교정 교육을 제공한다.

요컨대, 소크라테스식 문답법이 보다 대화적인 형태의 수업인 것은 아니다. 그보다 소크라테스식 문답 수업(그리고 더 일반적으로는 핵심 질문의 사용)은 학생들에게 교사의 조언과 자극, 기타 지원에서 비롯된 자유를 더 많이 보장하면서 자기 규제적 탐구를 더욱 잘 할 수 있는 기회를 제공한다.

소크라테스식 문답법과 같은 공식적인 체계를 사용하든지, 단순히 학생에게 공동 탐구가 학습 활동이나 단원의 목표라고 신호를 보내든지 간에 지도의 결과는 분명해야 한다. 학생은 교사의 행동과 방법을 통해 심도 있는 탐구가 선택 사항이 아닌 필수라는 사실을 알 필요가 있다.

FAQ

Q 저는 소크라테스식 문답법을 사용하는 수업 아이디어를 좋아합니다. 그러나 이 방법에 대한 경험이 전혀 없습니다. 이러한 수업을 시작하기 위한 몇 가지 방법을 추천해주시겠어요?

A 소크라테스식 문답 수업은 기본적으로 다섯 가지 요소를 요구합니다. (1) 공통 자료(가장 광범위한 의미의 용어로 말하자면 '텍스트'), (2) 공동 탐구를 뒷받침하기 위해 쏟는 시간과 공간 구성, (3) 참여 규칙, (4) 토론 수업의 핵심과 이것을 판단할 수 있는 기준(그리고 이 수업이 전형적인 교사 주도식 지도와 어떻게 구분되는지)을 명확하게 하는 분명한 목표, (5) 토론 수업을 열어주는 동시에 이 수업이 계속적으로 되짚어가야 할 훌륭한 질문이 해당 요소에 속합니다.

토론 수업을 시작하기 위해 가장 중요한 것은 수업의 기준을 정하는 것입니다. 여러분은 '예'나 '아니요'로 답변할 수 없는 질문과 의미 있고 생각을 자극하며 다소 이해하기 어려운 텍스트, 경험 혹은 정보가 필요합니다. 다시 말하면, 붙들고 씨름할 만한 가치가 있는 진정한 문제나 쟁점이 있어야 합니다. 탐사가 필요한 질문을 제기하고 그럴듯하고 다양한 답변을 끌어내는 자료가 있기 전까지 탐구는 시작할 수 없습니다. 이는 오래전부터 '고전'이나 기타 의미 있는 텍스트(책, 기사, 영화, 다루기 힘든 문제)를 중심으로 토론 수업이 확립되어 온 이유입니다.

학년이 높은 학생들을 위해 공통으로 쓸 수 있는 적절한 텍스트에는 「미국 독립 선언서」, 마틴 루터 킹(Martin Luther King)의 「버밍햄 감옥에서의 편지(Letter from Birmingham Jail)」, 플라톤의 『소크라테스의 변명(Apology)』이 있습니다. 어린 학생들의 경우 「개구리와 두꺼비는 친구」의 이야기를 "진정한 친구는 누구인가?"라는 질문을 탐구하는 데 사용할 수 있습니다. 또한 토론 수업을 위한 훌륭한 읽기 자료를 제공하는 주니어 그레이트 북스(Junior Great Books)와 파이데이아(Paideia), 터치스톤스(Touch-stones)와 같은 프로그램이 있습니다.

수학과 과학 과목 교사는 주요 주제에 관한 흥미로운 읽기 자료[애보트(E. A. Abbott)의 『플랫랜드(Flatland)』나 리처드 파인만의 과학의 본질에 관한 글]를 선정하거나, 답변

126

보다 많은(더 많지 않더라도 그만큼 많은) 질문을 제기할 수 있도록 설계된 문제나 시험을 제시할 수 있습니다. 잘못된 증명은 반직관적인 결과에 대한 실험(빛을 간섭하는 빛은 어둠과 같다)과 마찬가지로 항상 흥미롭고 계시적입니다(예: 1=0이라는 '증명').

일단 적절하게 의미 있는 자료를 선정했다면 목표와 '공동 탐구'라고 불리는 경기의 새로운 규칙을 분명하게 하기 바랍니다. 학생들이 선수로 경기에 임할 때 여러분은 '코치'로서 (질문을 하거나 흥미로운 문제를 언급할 권리가 있더라도) 주로 바깥쪽에 있을 것임을 알리기 바랍니다. 작게 시작하기 바랍니다. 예를 들어, 일주일에 한 번 20분 동안 토론 수업을 진행하기 바랍니다. "무슨 일이 일어났나요?", "어떠한 것이 작용했고 작용하지 않은 것은 무엇인가요?", "어떻게 개선할 수 있을까요?"와 같은 질문으로 경험을 정리하는 시간을 가지기 바랍니다.

학생들이 이러한 과정을 접하면 여러분은 이제 글의 의미를 구성하는 데 도움이 되는 렌즈가 되어줄 흥미로운 질문을 제시할 수 있게 됩니다. 이 질문은 처음에는 한정적일 수도 있습니다. 예를 들어, 『호밀밭의 파수꾼』의 경우에 "홀든에게 무엇이 문제일까?"라는 질문도 할 수 있지만, "우리는 우리 자신을 얼마나 잘 아는가?"와 같은 보다 광범위한 핵심 질문을 선정할 수도 있습니다.

5장

어떻게 실행상의 문제와 특수한 사례를 해결하는가

> 핵심 질문을 이용한 수업은 무언가가 뜻대로 되지 않을 수 있는
> 가능성을 높인다. 무엇이 계획에서 빗나갈지 예측하고 그러한
> 원치 않은 결과에 변화를 줄 수 있도록 준비하는 것이 현명하다.

영국 음악가 존 레논(John Lennon)은 교육에 대해 분명하게 인지하고 있는 것이 있었다. "인생은 당신이 다른 계획을 세우느라 바쁠 때 당신에게 일어나는 그 무엇이다."라는 그가 남긴 명언은, 정성을 들여서 세운 수업 계획이 막상 교실에 들어가면 아이들과 대립하다가 5분도 되지 않아 창문 밖으로 빠져나가는 것을 목격한 모든 교사에게 반향을 불러일으킨다. 핵심 질문을 이용한 수업은 무언가가 뜻대로 되지 않을 수 있는 가능성을 높인다. 이는 학생들이 수업 시간의 탐구와 담화를 주도할 때 교사는 새롭고 힘든 접근법을 시도할 뿐 아니라 예측 가능성이 훨씬 적은 결과로 지도를 하게 되기 때문이다. 그래서 현명한 교육과정 설계자는 수업이 계획한 대로 되지 않을 가능성에 대한 조절도 계획한다. 핵심 질문을 사용할 때 무엇이 계획에서 빗나갈지 예측하고 그러한 원치 않은 결과에 변화를 줄 수 있도록 준비하는 것이 현명하다.

이 장에서 우리는 교사가 핵심 질문을 가지고 수업을 할 때 직면할 수 있는 가장 흔하면서도 중요한 문제 중 몇 가지를 고려하고 이러한 문제를 해결할 수 있는 방법에 대한 조언을 하고자 한다. 우리는 또한 어린 학생을 대상으로 하거

나 특정 교과목 수업과 관련하여 핵심 질문을 사용하는 특수한 사례에 대해 탐구할 것이다.

예상되는 어려움은 두 개의 일반적인 주제—(1) 즉흥적 토의의 필요에 대한 (교사와 학생들의) 비효율적이고 부적절한 반응, (2) 탐구에 내재된 예측 불가능성에 직면했을 때의 불안과 이로 인해 통제력을 상실할지도 모른다는 (교사의) 두려움 혹은 다른 학생들로부터 바보 취급을 받을지도 모른다는 (학생의) 두려움—를 기준으로 분류할 수 있다. 새로운 역할과 기능, 규범은 연습하고 학습할 필요가 있다. 새로운 경기를 하거나 악기를 연주하는 법을 학습할 때도 그렇지만 실수와 좌절이 불가피한 학습 곡선을 예상할 수 있다. 예측 가능성은 상당히 중요하게 여겨지지만 새로운 무언가를 진정으로 학습할 때 얻기는 힘든 것이기 때문에 이와 같은 학습 곡선이 있을 수 있다는 사실은 교사와 학생 모두에게 불안감을 준다.

그렇다면 우리는 어떻게 하면 깊이 있는 탐구의 불가피한 불안에서 벗어나 핵심 질문에 접근할 수 있을까? 일단 수업의 모든 구성원이 공동 탐구와 이에 따른 절차에 불편함을 느끼지 않는다면 풍부한 토의와 이에 수반되는 통찰은 스스로 강화되기 마련이다. 그러나 애당초 하나의 정답이나 최종 답이 없을 때 학생이 갖는 두려움, 탐구와 토의 과정의 권한을 학생에게 주는 것에 대한 교사의 두려움이 극복해야 할 강력한 심리적 장애물이다.

이천 년 전, 플라톤은 진정한 탐구를 할 때 우리가 느끼는 불안을 동굴에 비유하는 '우리의 무지와 교육'에 대한 유명한 우화를 남기며 진정한 탐구의 기틀을 잡았다. 이 우화는 족쇄가 채워진 채 동굴 안에 갇힌 인간을 상상하도록 요구한다. 인간은 묶여 있는 자신의 그림자가 불빛을 받아 벽에 어른거리는 것만을 볼 수 있다.

처음에 그들 중 누군가의 족쇄를 풀어준 후 그에게 일어나서 주변을 둘러본

후 불빛이 있는 쪽을 보며 걷도록 갑작스럽게 강요한다면, 그는 예리한 고통을 느낄 것이다. 강렬한 그 빛은 그를 고통스럽게 할 것이며, 그는 이전 상황에서 보았던 그림자의 실재를 볼 수 없을 것이다.

이제 누군가가 그에게 그가 이전에 봤던 것은 환상이었지만 지금은 실재에 더욱 접근하고 더욱 분명하게 보고 있다고 말한다고 생각해보자. 그는 어떤 반응을 보일 것인가? 자신이 예전에 봤던 그림자가 지금 눈앞에 보이는 사물보다 실재적인 것이라고 생각하지 않을까?

훨씬 실재적인 것이라고.

만일 강제로 그가 불빛을 똑바로 보도록 한다면 그의 눈은 고통을 느끼지 않을까? 그 고통으로 그는 몸을 돌려 현재 보이는 것보다 더욱 분명하게 실재한다고 추정하는 가시의 대상에서 위안을 얻을 것이다.

실재하는 것이라고 그는 말했다.

그리고 그가 험준하고 거친 오르막길로 억지로 끌려가고 태양을 접하게 될 때까지 붙들려 있다고 한 번 더 가정해보자. 그는 고통스럽고 화가 나지 않을까? 태양빛에 접근하면 눈이 부시고 실재라고 불리는 어떠한 것도 전혀 볼 수 없을 것이다.

비유적으로 이 우화는 진정한 교육은 보지 못하는 우리를 해방시켜준다고 단정한다. 그러나 플라톤은 진정한 학습에는 모순이 있다고 우리에게 경고한다. 알고 있다고 생각하는 것에 의문을 제기하기란 심적으로 어렵기 때문에 학습자들은 저항할 것이라 예측할 수 있다. 우리는 알려지고 예상되는 것으로부터 느낄 수 있는 편안함을 선호한다. 그렇기 때문에 새롭고 불확실한 것에 대한 저항은 교사와 학생 모두가 그 결과로 더욱 자신감을 느끼게 된다고 할지라도 부지불식간에 공동 탐구를 저해하는 수많은 행동으로 이어진다.

교사로서 질문을 하고 그다음에 벌어지는 일에 열중하는 새로운 역할을 맡는 것이 처음에 어떤 느낌일지에 대해 월터 베이트먼(Walter Bateman, 1990)은 동굴의 비유처럼 생생하면서도 현대적인 이야기를 들려준다.

그러니까 여러분은 탐구를 통한 지도에 도전할 만큼 정말로 충분히 용감하다. 여러분은 이 중요한 하루를 위해 준비를 한다. 여러분은 수업을 시작하기 위해 준비한 질문이 있다. 그 질문을 던지고 대답을 기다린다. 3초 후, 여러분은 당황하기 시작한다. 손에는 땀이 난다. 학생들은 말없이 여러분을 쳐다볼 뿐이다.

진정하자. 학생들은 생각할 시간이 필요하다. 그들은 여러분이 실제로 그들로 하여금 생각하도록 하길 바라는 바로 그 개념을 소화할 시간이 필요하다. 그들은 그 질문이 의미하는 바와 환영받지 못할지도 모르는 의견을 내놓을 것인지 여부를 파악할 시간이 필요하다.

기다려라.

미소를 지어라. 손목시계도 보지 마라. 평소에 여러분이 기다릴 때 의지하는 한두 명의 학생들에 대한 기대감을 갖고 그들을 쳐다봐라. 미소를 지으며 그들에게 신호를 보내라.

기다려라. 한 마디도 하지 마라. 기대감을 갖고 미소를 지어라.

기다려라.

두세 시간 후에 누군가가 자신 없는 대답을 할 것이다. 그러나 시계를 슬쩍 봤다면 그 두 시간이 실제로는 40초였다는 사실을 알게 될 것이다.

고맙게도 입을 연 그 학생은 글에서 '정확한' 답을 찾아내 말한다. 정말로 고마운 마음에 여러분은 이렇게 소리치고 싶어진다. "잘했어요. 맞았어요. 학생에게선 기대할 수 있을 거라 생각했어요."

그런 말은 꿈에도 하지 마라. 대답이 맞았다는 말을 학생에게 할 생각은 꿈에도 하지 마라. 학생들에게 생각하고 결정하고 판단하는 재미를 주지 않을 생각은 꿈에도 하지 마라.

대신 여러분은 대답을 하지 않은 학생들에게 그러한 즐거움을 넘긴다. "여러분들은 동의하나요?"

놀란다. 많은 학생들은 지금까지 질문을 받아본 적 없기 때문에 …

학생들은 살아남을 것이다. 여러분은 견뎌낼 것이다. 많은 인내와 연습을 통해 여러분과 학생들은 쟁점에 대해 토론하고, 가정을 하고, 단어에 대해 정의를 내리며, 대안을 탐구하고, 사고에 필요한 기능을 습득할 것이다. 여러분이 이 일을 어떻게 해야 하는지 알고 있는 지금, 여러분이 해야 할 일은 조용히 기다려주는 법을 배우는 것이다. (p.183)

플라톤의 비유에 나와 있듯이, 연습과 어떻게 학생들이 교사의 지시를 덜 받으면서 긍정적인 결과를 성취할 수 있는지 확인하는 경험을 통해 우리는 궁극적으로 이 새로운 방식이 기존의 방식보다 우세하다는 사실을 분명히 알고 이해하게 된다. 조용한 청자이자 철저한 질문자로서의 새로운 우리 역할은 사실 상당히 강력하며 심지어 단순히 교사/지시자가 되는 것 이상이다. (사실 이것은 소크라테스가 그의 말을 듣는 사람들을 위해 분명하게 끌어낸 교훈이었다.)

그러나 우리의 불안과 그러한 두려움의 결과를 극복하는 데는 시간이 필요하다. 일례로, 그랜트는 소크라테스식 문답법을 수행할 수 있도록 도움을 준 어느 중학교 교사에 대한 이야기를 한다. 우선 그랜트는 수업 기간에 학생들과의 토론 수업을 용이하게 하는 과정에 대한 시범을 보였다. 그리고 나서 그 교사는 그랜트가 지켜보는 앞에서 두 번의 수업을 진행했고, 그로부터 피드백을 받았다. 교사의 기능은 눈에 띄게 발전하고 수업에 임하는 태도는 누가 봐도 편안해졌는데, 그랜트도 이 사실을 언급했다. 그러나 당사자는 자신의 수업에 대해 이상한 평가를 내렸다. 그녀는 첫 번째 수업보다 두 번째 수업이 훨씬 덜 성공적이었다고 생각했다. 하지만 관찰자 입장에서의 데이터는 정반대의 사실을 시사했다. 두 번째 수업에서 더 많은 학생(첫 번째 수업의 경우 전체 학생 중 3분의 1이었던 반면, 두 번째 수업의 경우 26명 중 두 명을 제외한 나머지 모든 학생)이 발언을 했고, 교사는 낮은 수준의 유도 질문을 훨씬 적게 했으며, 학생 간의 상호작용은 첫 번째 수업과 비교하여 두 배가 증가했다. 그녀에게 왜 그러한 판단을 했는지 물어보자, 그녀는 이전에 비해 덜 분명한 결과와 발언 차례에 대한 적응에 어려움이 있었다고 대답했다. 그녀로서는 첫 번째 수업보다 두 번째 수업이 더 "정신없고" "통제할 수 없는" 수업이었으며, 무엇을 말해야 할지 언제 말해야 할지에 대한 확신을 가질 수 없었다. 이러한 까닭으로 그녀는 관찰자의 데이터가 보여주는 긍정적인 결과를 보지 못했다.

심도 있는 탐구를 할 때 갖게 되는 통제력 상실에 대한 두려움은 교사가 불확실성에 대해 얼마나 많은 내성을 가지고 있는지에 상관없이 발생할 수 있다. 우리는 교사가 된다는 것이 무엇을 의미하는지에 대한 방향을 일시적으로 잃을 수 있다. 특히 학생들의 학년이 높을수록 우리는 혼돈이 발생하는 것을 마치 "환자가 병원을 운영하는" 것처럼 두려워한다. 게다가 우리는 전통적인 교사 중심의 지표를 가지고 우리의 수업을 판단할 장학사들에게 '좋지 못한' 교사로 보이게 될까 봐 걱정하게 될 수도 있다. (사실 우리는 소크라테스식 문답 수업을 독려하는 교사들로부터 여러 이야기를 들었다. 그들의 말에 의하면, 장학사가 참관이나 방문 수업을 하러 토론 수업에 들어왔다가 결국 "아, 학생들을 가르칠 때 다시 오지요."라고 말하며 나간다고 한다.) 이러한 걱정에도 불구하고 한발 앞서 토론 수업을 고집하는 교사는 학생들을 내버려두되 잘 인도하면 그들이 위기에 대처할 수 있는 능력을 갖추게 된다는 행복한 결말을 알고 있는 교육자다. 그렇기 때문에 교사에게 주어진 도전은 더욱 평온한 마음으로 코치처럼 생각하고 행동할 수 있도록 편안한 심리적 공간을 찾는 것이다. 즉, 모든 대화와 행동을 감독하려고 애쓰기보다 학생을 인도하고 점진적으로 통제에서 해방시켜주는 것이다.

그러나 일단 우리가 코치처럼 행동하기 위한 편안한 공간을 찾으면 되풀이해서 동굴의 교훈에 직면하게 된다. 많은 학생들은 열린 탐구와 토론에 적극적으로 저항한다. 매우 명민하지만 겉으로 보기에도 흥분한 한 학생이 소크라테스식 문답 수업 중간에 "위긴스 선생님, 토론은 충분히 했어요! 이제 이 글이 무슨 의미인지 알려줘요."라고 소리친다. 비슷한 예로 이해 중심 교육과정의 워크숍에 참석한 한 교사가 불편한 듯이 "그냥 핵심 질문을 알려주세요! 생각할 기력도 없어요!"라고 말한다. 이는 우리가 이제까지 목격했으며 독자들이 앞으로 겪을 수 있는 심도 있는 탐구에 대한 저항을 보여주는 많은 예의 일부일 뿐이다. 그렇기 때문에 교사와 학생의 입장에서 핵심 질문 사용의 어려움은 기능 부족 이상의 문제와 관련 있다. 당연한 말이지만, 간단한 답을 수반하지 않는 핵심 질문의 탐구가 지닌 본질적 불확실성에 대해 사람들이 더 적은 불안감과 더 많은 편안함을 느낄 수 있도록 돕기 위한 준비를 해야 한다.

단지 질문 기술과 수행 능력의 부족에 대해 의문을 품는 것이 아니라 이와 같은 두려움이 수업의 성공에 한몫을 한다는 사실을 인정하면, 우리는 훌륭한 코치처럼 어떠한 움직임이 실패와 불확실성에 대한 두려움을 줄이는 데 도움이 되는지 더욱 잘 판단할 수 있다. 다음의 성찰 질문을 고려하면서 여러분이 얼마나 편안함을 느끼는지 스스로 평가해보라.

- 어떤 종류의 질문을 얼마나 많이 묻고 있는가?
- 학생들은 이 새로운 '경기'와 그것의 '규칙'을 이해하고 있는가? 학생들은 효과적인 공동 탐구의 목표와 역할, 발언 차례를 이해하는 것처럼 행동하고 있는가?
- "여러분은 할 수 있어요. 내가 여러분을 돕잖아요."라는 말을 하는 것처럼, 나는 침착하고 인내심 있게 학생들에게 책임을 지우고 있는가?
- 코치로서 나는 두려움 혹은 자신감을 보이고 있는가? 내가 어떤 감정을

느끼든 따뜻하고 자신감이 있는 태도를 보이고 있는가? (베이트먼 이야기에서 교사가 관심을 끌려는 학생에게 미소를 짓는다는 사실에 주목하라.)

- 사고와 반응이 형성될 충분한 침묵(기다림의 시간)이 있는가? 나는 침묵에 편안한 모습을 보이고 있는가?
- (예를 들어, 자원하는 학생에게만 기회를 주거나 질문을 하지 않거나 학생들의 반응에 이의를 제기함으로써) 나도 모르게 탐구와 토론을 약화시키고 있지 않은가?
- 학생이 제시한 의견이 이상적이지 않다면 어떠한 반응으로 더욱 많은 학생을 토론으로 유도하고 학생이 제시한 생각을 강화하는가? 그리고 탐구를 억압하는 것은 무엇인가?
- 나의 임무와 평가는 질문과 그에 대한 깊이 있는 생각을 추구하는 것이 정말로 중요하다는 사실을 분명히 하고 있는가? 혹은 수동적인 자세로 일관하면서 내용을 학습하면서도 내 수업에서 A 학점을 받는 것이 가능한가?

우리 중 어느 누구도 완벽한 교사는 아니다. 우리 중 대부분은 위 질문에 이상적인 대답을 하지 못할 것이다. 사실 이러한 질문은 모든 교육자에게 해당되는, 시대를 초월한 핵심 질문이다! 그러나 우리가 냉정하게 계획적으로 우리의 목표와 불가피한 문제 사이의 간극을 해결하고 그에 맞춰 수업을 구성하려는 조치를 취할수록 우리는 더욱 성공적인 교육자가 될 수 있을 것이다.

이러한 일반적인 고려 사항을 염두에 두고서, 핵심 질문을 사용할 때 교사와 학생이 겪는 도전적인 문제와 그에 따른 행동 제안을 요약하여 제시한 [표 5-1]을 보도록 한다. 분명히 이러한 우려와 문제 해결을 위해 간단한 방법을 제안하는 것은 시작일 뿐이다. 독자는 있을 수 있는 어려움과 이에 대한 해결책을 더욱 잘 이해하기 위해 우리가 읽도록 권장하는 질문에 관한 글과 책(부록의 '주석이 달린 참고문헌'에 제시됨)을 분석하길 바란다.

우리는 이제 핵심 질문을 사용할 때 경험하는 특별하고 도전적인 경우에 주목하려 한다.

[표 5-1] 실행상의 문제와 지표, 문제 해결을 위한 제안

문제: 협력적 탐구 목표의 불확실함

교사와 관련된 지표
교사가 질문의 의미, 대화의 성격, 탐구의 가치가 학습자에게 명확해 보여야 한다는 듯이 행동하고 말한다.

- 질문을 제시하거나 묻는 것만으로도 학생이 탐구 과정을 충분히 수행할 수 있다고 믿는다.
- 학생이 대답하지 않거나 피상적인 답변을 하면 낙담하게 된다.
- 답변이나 다양한 관점에 대한 근거가 부족할 때 실망한다.

학생과 관련된 지표
하나의 '최고'의 답변이 있다고 생각하거나 열린 질문에 대해서는 어떤 답이라도 괜찮다고 생각한다.

- 대답이 자발적이고 그럴듯하다.
- 발표자는 자신이 말하는 것을 명확하게 하거나 근거를 제시해야 할 필요성을 느끼지 못한다.
- 대답이 종종 주제에서 벗어나거나 분명하지 않거나 정리가 안 되어 있다.
- 학생은 자신이 제시한 의견을 타당화하라는 요청에 당황한다.
- 학생은 교사의 도움을 구한다. (예: "뭘 원하는 건지 알려주세요.")

제안
- 핵심 질문의 탐구와 토론에 대한 목적, 규칙, 규약을 검토하라.
- 수업 참여의 양이 아닌 질이 중요하다는 사실을 학생들에게 상기시켜라.
- 두세 개의 다른 답변이 모두 타당한 해석을 제공할 수 있다는 사실을 분명히 하라.
- 필요한 경우 다른 사람이 제안한 생각을 기반으로 하거나 그것과 연결되는 답변을 한 학생을 주목하고 칭찬하라.
- 학생이 지나치게 빨리 수긍하는 답변에 있을 수 있는 약점이나 검토하지 못한 가정을 파악하라.
- 효과적인 반응의 특징에 대해 상기시키면서 다음 토론을 시작하라.

문제: 두려움

교사와 관련된 지표
교사가 통제력과 '권위'로서의 존경심을 상실하는 것을 두려워한다.

- 과도하게 토론을 통제하려고 한다(마치 암송 수업처럼 보인다).
- 재능이 가장 뛰어난 학생에게만 기대한다.
- 자신 없거나 목표에서 벗어난 학생의 대답에 눈에 띄게 우려나 불만을 표한다.
- 눈에 띄게 초조해하거나 불편해한다.

학생과 관련된 지표
학생이 튀거나 바보처럼 보일까 봐 두려워한다.

- 일부 학생은 교사로부터 질문을 받지 않기 위해 고개를 숙이거나 피한다.
- 얼굴 표정과 불안한 웃음은 두려움과 걱정을 암시한다.

- 수업 시간에는 조용하지만 수업 전과 후에 나오는 주제에 대해서는 말이 많아진다.
- "정말로 멍청하게 들릴 거라는 건 알지만 …"이라는 말로 의견을 제시하기 시작한다.

제안

- 코치처럼 생각하라. 학생이 '경기를 하는 것'을 지켜보면서 후속 게임을 위해 기록을 하라.
- 생각할 시간을 주고 학습자에게 질문을 받으면 어떤 의견을 제시할 것인지 적으라고 말해라.
- 우선 두 명이나 세 명으로 구성된 모임 안에서 생각을 공유한 후, 하나의 의견을 생각해내도록 하라.
- 부끄러움이 많거나 조용한 학생이 대답할 준비를 할 수 있도록 앞으로 할 질문에 대해 알려라.
- 교사(그리고 학생)는 활동의 특징과 그것이 어떻게 작동하며 다른 유형의 통제가 어떻게 필요한지를 더욱 잘 이해하기 위해 모범이 되는 토론 영상을 볼 수 있다.

문제: 침묵과 모호함에 대한 불편함

교사와 관련된 지표

교사가 침묵과 모호함에 대해 눈에 띄게 불편함을 느낀다.

- 기다림의 시간을 주지 않는다.
- 침묵으로 인해 고통스러워하는 것처럼 보이고 행동한다.
- 끊임없이 학생의 질문에 답하려고 하고 학생의 답을 판단한다.
- 학생이 원하면 핵심 질문에 대한 명확한 답이 있다는 암시를 준다.

학생과 관련된 지표

학생이 침묵과 모호함에 대해 눈에 띄게 불편함을 느낀다.

- 다음 조처를 기다리며 교사를 쳐다본다.
- 침묵이 생기면 안절부절못하고 불안해 보인다.
- "그냥 말해줘요, 네?"라고 간청한다.
- 의견을 제시한 후 교사의 확신을 구한다. (예: "맞지요?")
- 교사에게 질문에 대한 답을 달라고 요구한다.

제안

- 개방형 질문에 대한 토론에서 어떤 연령대의 누구라도 경험할 수 있는 불편함을 가시적으로 보여주기 위해 소리 내어 생각하기와 소리 내어 느끼기를 하라.
- 학생에게 교실 토론을 하기 전과 하는 동안에 느낀 점을 글로 쓰도록 하라. 그들의 반응에 대해 논의하고 규칙을 찾아라.
- 무대 공포증이나 모호함이 갖는 불편에 관한 짧은 글을 제시하고 이에 대해 논의하라.
- 학생에게 위험 감수와 감내의 중요성을 강조하는 규약/규칙/지시문을 상기시킨다.

문제: 지나친 내용 중심

교사와 관련된 지표

교사가 내용을 다 다루지 못할까 봐 염려한다.

- 핵심 질문을 주제에 대한 직접적인 가르침을 구축하기 위한 단순한 수사적 장치나 고리로 취급한다.
- 진도를 나가는 것이 목적인 것처럼 토론을 중단시킨다. (예: "이제 …로 넘어가야겠다.")

학생과 관련된 지표

학생이 내용 습득과 평가에 지나치게 중점을 둔다.

- 교사가 무엇을 점수 매기고 평가하는지 신경 쓴다. (예: "이거 중요할까요?")

- 계속해서 교사의 도움을 구한다. (예: "그냥 우리가 알아야 할 것을 알려주세요.")

제안
- 목표는 단순히 사실을 찾는 것이 아니라 정보와 다른 관점으로부터 일반화하는 것임을 분명하게 한다.
- 사실과 의견, 그리고 데이터와 데이터를 바탕으로 한 추론 간의 차이를 분명하게 한다.

문제: 지나치게 수렴적이고 범위가 좁은 핵심 질문과 답변

교사와 관련된 지표
교사의 질문과 논평이 유도적이다.

- 질문이 단 하나의 최고의 답을 요구한다.
- 선호하는 답에 도달하고 싶어 하는 것처럼 보인다.
- '무엇이', '언제', '어떻게 했는지'와 같은 질문을 너무 많이 한다.
- '왜'를 묻는 질문의 대답은 찾아서 확인할 수 있는 사실을 기반으로 한다.

학생과 관련된 지표
학생이 깊이 생각하려고 하기보다 '맞는' 답을 말하고 추측하거나 찾으려고 한다.

- 자신이 제시하는 의견이 문제를 종결해야 한다는 생각을 내비치는 어조로 논평을 한다.
- 일단 대답이 나오면 대부분의 학생들이 생각하기를 멈춘다.

제안
- '왜'와 '~라면'을 묻는 질문을 더욱 많이 던져라.
- 정말로 훌륭한 대답이 나오는 경우에도 "다른 방법으로 이 사안을 볼 수 있을까요? 다른 가능한 대답이 있을까요?"라고 묻는다.
- 학생의 "나는 ~라고 생각했습니다. 이제는 ~라고 생각합니다."라는 말에 반응하도록 하라.

문제: 지나치게 확산적이고 범위가 넓은 핵심 질문과 답변

교사와 관련된 지표
교사의 질문이 막연하고 모호하거나 방향이 불분명하며 지나치게 광범위해서 만족스러운 종결에 이르기가 힘들다.

- "여기에서 이 생각은 무엇인가요?"
- "이 데이터는 무엇을 의미하나요?"

학생과 관련된 지표
학생이 질문의 목적이나 반응 방법을 모르는 것처럼 보인다.

- 시선을 피하고 불편한 기색을 보인다.
- 얼굴 표정을 통해 학생이 당황하고 있다는 것을 알 수 있다.
- "무엇을 묻고 있는 건가요?"라고 묻는다.
- (비록 참여하려고 노력을 하고 있지만) 단어 때문에 고전하고 있다.

제안
- 질문을 좀 더 단순한 용어로 바꾸어 말하거나 재구성하라.
- 질문을 더욱 구체적으로 명시하는 것을 강조하라. 예를 들어, "좋은 글쓰기란?"이라는 질문으로 유용한 반응을 끌어낼 수 없다면 "좋은 독서와 훌륭한 책 사이의 차이는 무엇인가?"라고 물어라.

문제: 지나치게 공격적인 경우

교사와 관련된 지표
학생이 느끼기에 교사의 질문과 탐색이 지나치게 공격적이고 위협적이다.

- "도대체 왜 그렇게 말하는 거죠?"
- "어떻게 ~라고 생각할 수 있는 거죠?"
- "무엇 때문에 그런 발언을 하게 된 거죠?"

학생과 관련된 지표
학생이 '이기거나' 자신이 '옳다'는 것을 보이기 위해 행동하고 애쓴다.

- "그건 말이 안 된다."
- "증명해봐!"
- "정답과 네 대답이 왜 틀렸는지를 알려줄게."

제안
- 덜 이상적인 논평에 대한 적절한 행동과 부적절한 행동의 모델을 보여라.
- 하키의 페널티 박스와 농구의 반칙 선언을 학생에게 재미있게 상기시켜라. 토론에서 '반칙' 행동에 대해 열거하고 말하라. TV 토크쇼와 라디오를 통해 관련 예를 보고 들어라.
- 행동 수칙 및 토의와 토론의 차이점을 학생에게 상기시켜라.
- 토론 시 개별 점수가 아닌 그룹 점수를 부과하라.
- 확실히 부적절한 발언을 했다면 사과하라.

문제: 지나치게 친절한 경우

교사와 관련된 지표
교사가 학생이 제시한 의견을 탐색하고 비평하지 않는다.

- "케이트, 흥미로운 생각이군요."
- "조, 생각을 발표해줘서 고마워요."
- (왜 잘했는지에 대한 언급 없이) "잘했어요."

학생과 관련된 지표
학생이 친구나 교사의 의견에 반대하는 것을 기피한다.

- 분명히 틀렸거나 문제가 있거나 논란의 여지가 있으며 비정상적인 논평에 대해 침묵을 지킨다.
- 자신이 제시한 의견이 어떻게든 도전을 받으면 불안해하거나 화를 내고 당황한다.

제안
- 대답에 대한 의문을 제기하는 것은 위협적이거나 공격적일 필요가 없다는 사실을 분명히 하라.
- "당신이 ~를 말하고 있다고 생각하면 되나요?", "이 글이 뒷받침하는 흥미로운 생각은 어디에 있나요?", "이해하지 못하겠어요. 당신이 생각하는 것(아이디어나 주장)을 설명해주시겠어요?"와 같은 표현을 사용하라.
- 반드시 악마의 대변자 역할을 하라. (어색함을 풀기 위한 도구로서 플라스틱으로 만든 악마의 삼지창[1]을 사용할 수 있다.)

....

1 악마의 대변자 역할을 친근하고 재미있게 하기 위하여 교사가 할로윈 복장을 하거나 악마의 도구를 사용할 수 있음을 예시로 들고 있다 (4장 참고).

- 모르는 척하라. 예를 들어, "조, 무슨 말인지 이해가 안 가는군요. 내가 조의 추론을 이해할 수 있도록 도와줘요.", "어머, 난해하네. 이 글에서 이 부분이 이해가 안 가는데, 도와줄래요?"와 같은 표현을 사용하라.

문제: 의견의 차이가 지나치게 없는 경우

교사와 관련된 지표
대답에 차이가 없다.

- 핵심 질문을 다른 관점에서 고려하도록 학생을 독려하지 않는다.

학생과 관련된 지표
학생이 핵심 질문에 대한 다양한 답변을 제시하지 않는다.

- 글을 읽지 않았거나 과제를 완수하지 않았는지 모른다.
- 사실적인 접근을 하고, '맞는' 답을 찾거나 들으려고 한다.
- 책에 있는 내용이라면 사실임에 틀림없다는 생각을 가지고 있다는 것을 논평을 통해 암시한다. 쟁점이 흑 혹은 백이라고 생각하고 있으며, 회색에 대해 불편함을 느낀다.

제안
- 지식인과 박식한 사람들이 중요한 문제에 대해 뜻이 다를 수 있음을 보여주는 서평이나 사설, 의견이 상충되는 기사를 이용하라.
- 악마의 대변자 역할을 하라.
- 공식적인 토론을 열고 그 이유를 설명하라.

문제: 지배

교사와 관련된 지표
교사가 말을 너무 많이 한다.

- 학생이 대답해야 할 질문에 답을 한다.
- 모든 논평을 들은 후 자기 자신의 의견을 제시하며 대응한다.

학생과 관련된 지표
한 명 혹은 몇 명의 학생만 말을 많이 하고 다른 학생들은 침묵하거나 수동적이다.

- 일부 학생은 자신이 지배하고 있다는 사실을 인지하지 못하거나 무시한다.
- 일부 학생은 몰아치면서 자신감 넘치는 일반화를 한다.

제안
- 수업을 지배하는 학생에게 누가 무슨 말을 했으며 제시된 의견의 본질은 무엇인지 적게 하거나 대화를 기록하는 관찰자의 역할을 부여함으로써 몇 분간 쉬는 시간을 갖도록 한다.
- 학생들을 두 집단으로 나눈 후, 수업을 지배하는 경향이 있는 학생들을 한 집단에 넣은 다음, 다른 집단이 토론을 하는 동안 기록을 하거나 관찰자의 역할을 하도록 한다. 다른 집단의 토론이 끝난 후 역할을 바꾼다.
- 학생들에게 모든 관점과 생각을 고려하기 위해 가능한 많은 관점을 토론의 탁자 위에 올려놓는 것이 그들에게 이롭다는 사실을 상기시켜라.

교사와 관련된 지표

교사가 개인이나 의견을 깎아내린다.

- 빈정댄다.
- 누군가가 말할 때 눈동자를 굴린다.[2]
- 한 학생이나 그의 의견을 무시하는 논평을 한다.

학생과 관련된 지표

학생이 빈정대는 말을 하거나, 개인 또는 제시된 타당한 의견을 깎아내린다.

제안

- 교사가 예의 없는 말을 했다면 바로 사과를 하고 학생들에게 담화의 규칙을 상기시켜야 한다. 혹은 "내가 방금 어떤 행동을 했지요? 이것은 토론 과정에 얼마나 도움을 주지 못했나요?"라고 말하며 이 상황을 교훈적인 순간으로 삼을 수 있다.
- 학생이 경솔하게 무례한 말을 하거나 행동을 한다면 당장은 여러분이 부드럽지만 단호한 태도로 그러한 행동을 막아야 한다. 그러나 어찌되었든 전체 학생들의 협조를 통해 예의 없는 행동을 인식하고 감시하도록 하라.
- 몸짓을 통해 다른 학생의 무례함에 대한 경멸이나 조바심을 보여주는 학생을 찾고 "인상을 쓰고 있네. 이유를 좀 알려줄래요?"라고 묻는다.

1. 아동 친화적인 핵심 질문 만들기

(특히 어린 학생을 상대하는) 교육자는 핵심 질문을 만들기 시작할 때 종종 "핵심 질문을 '아이의 언어'로 구상해야 하나요, 아니면 성인이 생각하는 방식으로 진술해야 하나요?"라고 묻는다. 약간 거만하게 들리겠지만, 우리의 답변은 '예'다. 우리는 두 가지 모두를 이행해야 한다!

계획과 지도의 차이를 유념하라. 우선 단원을 계획하기 시작할 때 우리는 성취기준, 이해, 지식과 기능을 아우르는 전반적인 목표를 고려한다. 이러한 맥

---

2 상대방의 언행을 이해할 수 없거나 혼란스러울 때 나타나는 행동으로, 여기서는 교사가 학생의 말에 대해 부정적인 태도를 보인다는 뜻으로 사용되었다.

락 안에서 핵심 질문은 일반적으로 선택되거나 만들어진다. 이때 어떤 질문이 이해를 위한 지도에 정말로 중대한지를 명확히 하는 것이 중요하다. 그러나 궁극적으로 핵심 질문을 듣는 대상은 학습자다. 우리는 학생과 관련 있고 학생이 이해하기 쉬운 방식으로 질문을 던짐으로써 그들이 사고하도록 유도하기를 원한다. 그렇기 때문에 종종 '성인' 버전의 질문을 편집하거나 수정하거나 각색하여 아동 친화적으로 만들 필요가 있다. 이러한 수정의 세 가지 예가 다음에 제시되어 있다.

- 중학교 영어/언어 과목 교사가 읽기와 토론, 글쓰기를 지도하기 위해 "동료 집단이 초기 청소년의 신념과 행동에 어떤 영향을 주는가?"라는 핵심 질문을 개발했다. 이 질문은 그녀의 수업 계획서의 일부를 구성하는 짧은 이야기와 소설에 적절했으며, 확실히 해당 연령대의 학생 집단과 관련이 있었다. 그러나 이 교사는 자신의 질문이 학생들에게 너무 '설교적'이라고 받아들여졌기 때문에 그들의 반향을 불러일으키지 못했다는 사실을 알게 되었다. 학생들의 제안을 바탕으로 그녀는 질문을 다음과 같이 수정했다. "일부 사람이 무리지어 있을 때 이따금씩 어리석은 행동을 하는 이유는 무엇일까?" 이 질문은 즉각적으로 학생들의 관심을 끌고 오랫동안 사로잡으면서도 동시에 고려 중인 문학작품에도 적합했기 때문에 성공적인 질문으로 판명되었다.
- 한 교사가 국제학 강좌에 속한 러시아 역사에 대한 단원을 수업하면서 "고르바초프는 자신의 국가에서 영웅이었는가, 혹은 반역자였는가?"라는 질문을 사용했다. 이 질문은 '마음의 만남'이라는 형식으로 다양한 러시아 지도자(고르바초프, 옐친, 레닌, 스탈린, 마르크스, 트로츠키와 예카테리나 2세)에 대해 역할극을 수행하는 학습 활동과 토론에 초점을 두었다. 그리고 나서 학생들에게 핵심 질문에 대답하기 위해 여러 글쓰기의 장르

(예: 조롱조의 신문 기사, 사설, 에세이)에 대한 선택권이 주어졌다. 몇 차례의 수업에서 이 질문을 사용한 후 이 교사는 질문이 좀 더 효과적이고 광범위해질 수 있겠다는 사실을 깨달았다. 그래서 그는 이 질문을 "실패한 사람은 누구인가?"로 바꿨다.

- 한 초등학교 교사는 본래 성인의 언어로 만들었던 핵심 질문인 "한 지역의 지형, 기후와 천연자원은 해당 지역에 사는 사람들의 경제와 생활양식에 어떤 영향을 끼치는가?"를 "우리가 어디에서 사는지는 우리가 어떻게 살아가는지에 어떤 영향을 끼치는가?"로 수정했다.

"길고 짧은 것은 대봐야 안다."라는 속담에서 알 수 있듯이, 핵심 질문의 가치는 사용할 때 드러난다. 즉, 학생들이 질문과 관련이 있는가? 질문이 사고와 토론을 유도하는가? 질문의 탐구가 심도 있는 이해로 이어질 것인가? 이러한 질문에 대한 답이 '아니요'라면 수정이 진행되어야 할 것이다.

2. 수학 과목의 핵심 질문

앞서 언급했듯이, 우리는 모든 수준의 수학 교사가 종종 핵심 질문을 만들어내고 사용하느라 고군분투한다는 사실을 알았다. 우리는 이러한 현상을 대부분 학년 수준에 따른 수학 성취기준이 전형적으로 (별개의 개념과 기술의 나열로) 기술되어 있는 방식과 이러한 기준들이 교과서 안에 일괄 제시되고 (정답이 있는 탈맥락화된 항목을 통해) 평가되는 방식, 지도 원칙과 알고리즘의 정형화된 방식(예: "여러분이 답하는 질문은 이유에 대해 추론하는 것이 아니라 그저 도치하고 곱하는 것이다.")의 결과로 본다. 이와 같은 수학 학습 내용의 구성은 당연히 핵심 질문 중심의 수업이 이뤄지는 데 도움이 되지 않는다.

3장에서 제시했던 권장 내용 중 하나는 전 학년에 걸쳐 수학의 폭넓은 개념과 주요 과정에 초점을 맞춘 일련의 중요 핵심 질문을 이용하는 것이었다 (예: "변화를 측정, 구성, 계산하기 위해 수학은 어떻게 사용될 수 있는가?"). 그다음에 이것으로부터 도출한 적절한 핵심 질문은 특정 기능과 주제에 적용할 수 있다 (예: "우리는 분수를 이용하여 어떻게 변화를 측정, 구성, 계산할 수 있을까?").

수학 과목의 핵심 질문 사용을 위한 또 다른 실행 가능한 접근법은 공통 핵심 성취기준에서 제안한다. 공통 핵심 성취기준의 개발자들은 전통적인 내용 성취기준 외에 바람직한 사고 과정과 습관의 특징을 보여주는 일련의 수행 성취기준을 알아냈으며, 이는 주제와 수준에 상관없이 적용될 수 있는 핵심 질문을 자연스럽게 반복하는 데 유용하다. 다음은 여덟 가지 수행 성취기준과 그에 상응하는 핵심 질문이다.

① 문제를 이해하고 끈기 있게 풀기. 이것은 어떤 종류의 문제인가? 무엇을 알아내야 하는가? 알려져 있는 것은 무엇인가? 알려지지 않은 것은 무엇인가? 적절한 해결책으로서 무엇이 중요한가? 나의 대답이 이치에 맞는가? 나의 접근법이 이치에 맞는가? 문제를 풀다가 막히는 경우 어떻게 해야 하는가? 이것은 나에게 어떤 유사한 문제를 상기시키는가? 어떤 단순한 혹은 특별한 경우가 도움이 될까?

② 추상적이고 정량적으로 추론하기. 이와 같은 구체적인 수량 사이의 추상적인 관계는 무엇인가? 이러한 정량적 관계는 무엇을 의미하는가? 수학적 관계를 찾기 위해 나는 이 숫자들을 어떻게 탈맥락화할 수 있을까? 나는 이 수량 간의 관계를 적절하게 보여주었는가? 어떠한 연산과 등가가 내가 이 문제를 단순화하고 해결하는 데 도움이 될 것인가? 이러한 수량에 대한 나의 추상적 설명이 맥락상 이치에 맞는가?

③ 실행 가능한 주장을 구성하고 다른 사람의 추론을 비평하기. 이것은 증명되었는가? 추정되는 것은 무엇인가? 이러한 추론은 어떠한 가정을 바탕으로 하는가? 이러한 가정은 논리적으로 어디에 이를 수 있는가? 결론이 논리적인가? 결론이 타당한 것 같은가? 나는 나의 답을 지지하고 내 연구를 충분히 보여주었는가? 이와 같은 해법 중 더욱 타당해 보이는 것은 무엇인가? 이 주장은 이치에 맞는가? 무엇이 내가 내린 결론에 대한 반증과 반박이 될 수 있는가?

④ 수학을 이용하여 모형화하기. 어떠한 계산이 이 상황과 데이터에 적용되는가? 이러한 현상/데이터/경험에 대한 수학적 모형을 제시하기 위해 어떠한 단순화 혹은 근사치를 구해야 하는가? 이 모형이 지나치게 단순화되거나 대략적인 결과로 이어지는 걸 막기 위해 어떻게 정교하게 만들 수 있을까? 이 모형은 이 맥락에서 이치에 맞는가? 나는 이 모형을 어떻게 시험할 수 있을까? 이(혹은 어떠한) 수학적 모형의 한계는 무엇인가? 이 모형은 어떻게 개선될 수 있을까?

⑤ 적절한 도구를 전략적으로 사용하기. 가장 효율적이고 효과적인 결과를 위해 나는 여기에서 어떤 도구를 사용해야 하는가? 이용 가능한 도구의 강점과 약점은 무엇인가, 그리고 이 작업을 위해 더 나은 도구가 있을까? 필요한 경우 더욱 도움이 되는 자원을 어디에서 찾을 수 있을까?

⑥ 정확성에 중점 두기. 이와 같은 특정 데이터와 해법에 필요한 적정 정도의 정확성은 무엇인가? 나는 (대상과 목적을 위해) 나의 데이터와 추론, 결론에 대한 명확성을 충분히 확보했는가? 어떤 용어가 분명하게 정의될 필요가 있는가? 나는 내 답의 정확성을 평가했는가? 나는 얼마나 확신하는가? 이 답에 대하여 얼마나 많은 통계적 신뢰를 확보해야 하는가?

⑦ 구조를 찾고 이용하기. 여기에서 근본적인 규칙은 무엇인가? 이것이 부분이라면 전체는 무엇인가? 이것이 전체라면 부분은 무엇인가? 이것은 어떤 유형의 문제인가? 이 문제에서 어떠한 등가나 재구성이 규칙이나 구조를 파악하는 데 도움이 될 것인가? 어떠한 관점의 전환이 해법의 길을 더욱 분명하게 제시할 것인가?

⑧ 반복적인 추론에서 규칙성을 찾고 표현하기. 연구를 할 때 어떠한 규칙성이 지속적인 관계를 암시하는가? 이러한 반복되는 규칙을 간략하거나 간편하게 표현하는 방법은 무엇인가? 이러한 규칙은 명백히 나타나고 있는가? 일반적인 규칙이 되풀이되고 있다고 확신하는가, 혹은 나의 표본이 지나치게 협소하지는 않는가? 인지되는 규칙을 기술할 수 있는 타당한 방법이 있는가?

유의사항: 각각의 제목 아래에 나열된 질문 중 상당수는 각 수행 성취기준에 대한 이야기체 설명에서 사용된 언어 및 예시와 분명한 관련이 있다.

3. 외국어 과목의 핵심 질문

영어 이외의 현대어와 고전어를 가르치는 교사는 핵심 질문, 특히 초급 수준의 학습자를 위한 핵심 질문을 개발하고 생산적으로 사용하느라 고군분투하는 경우가 많다. 이는 교사의 초기 지도의 상당 부분이 문법의 기본 구조와 어휘 향상에 초점을 맞추고 있기 때문에 당연한 현상이다. 게다가 (영어/언어 과목이든 외국어 과목이든) 언어 지도와 학습은 듣기, 말하기, 읽기와 쓰기 기능의 나선형 반복을 통한 절차적 지식에 초점을 맞추고 있다. '학습 내용(서술적 지식)'은 일반적으로 문학 및 문화와 관련이 있다. 교사가 ('영웅'과 같은) 문학 주제와

('기념일'과 같은) 문화적 화제에 대한 핵심 질문을 개발하는 것은 대체로 쉽고 편하게 여겨지지만, 언어의 기능 분야는 더욱 까다로운 것으로 드러났다. 사실 언어 과목 교사들은 (음악과 체육과 같은 다른 기능 분야의 교사가 그러하듯) 1단계에서 고심하게 되기 때문에 우리는 그들로부터 "이해 중심 교육과정은 우리 분야에서는 효과가 없다."라는 말을 듣곤 한다. 성취하고자 하는 결과를 파악하는 1단계는 단원 학습 시 어떠한 핵심 질문이 고려되어야 할 것인지 결정하는 일을 포함한다.

언어 발달의 나선형적 본질을 고려했을 때 우리는 언어 기능을 지도할 때 단원을 가로질러 효과가 있는 더욱 광범위하고 총체적인 핵심적 질문을 사용할 것을 권장한다. 그렇다고 언어 지도에서 단원 혹은 주제에 특정적인 질문이 들어설 자리가 없다는 것을 의미하는 것은 아니다. 실상은 단원의 주제(예: 음식)와 구체적인 전략(예: 요약)을 묶는 질문을 기대할 수 있다.

언어 과목의 교사가 생산적으로 사용하는 좀 더 일반적인 핵심적 질문의 몇 가지 예가 다음에 제시되어 있다.

동기 부여

- 또 다른 언어를 배우는 이유는 무엇인가?
- 또 다른 언어를 배우고자 하는 나의 동기는 무엇인가?
- 또 다른 언어를 배울 때 내가 기대하고 있는 것은 무엇인가?
- 언어를 배우는 것은 나의 삶을 향상시킬까?
- 언어를 배우는 것은 어떻게 기회의 문을 열어줄 것인가?

학습 과정

- 내가 이미 가지고 있는 언어 학습 기능은 무엇인가? 새로운 언어를 배우기 위해 나는 어떻게 기존의 의사소통 기능을 사용할 수 있는가?

- '언어 규칙'은 무엇이며 그것은 내가 새로운 언어를 배우고 사용하는 데 어떤 도움을 줄 수 있는가?
- 다른 언어 학습 방식에는 무엇이 있는가? 나에게 가장 효과적인 언어 학습 방식을 어떻게 알아내는가?
- 어떻게 나는 좀 더 원어민처럼 말할 수 있는가?
- 학습을 하다 어려움에 부딪히면 어떻게 해야 하는가?
- 유창성과 정확도를 향상시키기 위해 무엇을 할 수 있는가?

의사소통

- 사전이 충분하지 않은 이유는 무엇인가? 왜 나는 모든 것을 번역할 필요가 없는가?
- 원어민과 그 언어를 유창하게 사용하는 외국인은 어떤 차이가 있는가?
- 언어는 어떠한 방식으로 의미를 전달하는가?
- 단어 없이 말할 수 있는가? '몸짓 언어'는 무엇인가?
- 언어는 상황에 따라 어떻게 변하는가? 사람에 따라 각기 다른 단어와 표현 등이 사용되는 이유는 무엇인가? 상황에 따라 다른 이유는 무엇인가?
- 생각이 그것을 전달하는 능력보다 복잡할 때 나는 무엇을 해야 하는가?
- 나는 대화를 어떻게 지속할 수 있는가?
- 언어 학습에서 모험을 하는 것의 이점은 무엇인가? 위험은 무엇인가? 해 볼 만한 가치가 있는 실수는 무엇인가?
- 문어는 구어와 어떻게 다른가? 구어는 문어와 어떻게 다른가? 듣기와 읽기는 어떻게 다른가?

4. 공연 예술 과목의 핵심 질문

공연 예술 과목의 교사가 특히 기능 개발과 연습에 초점을 두고 지도를 할 때 종종 앞선 절에서 서술한 것과 유사한 도전을 경험하게 되는 것은 놀라운 일이 아니다. 외국어와 초기 문식성 지도에서와 마찬가지로 우리가 걱정해야 하는 것은 단지 기능의 토대를 확립하는 것이라고 믿고 싶어진다. 그러나 이러한 생각은 신예 음악가와 배우, 영화 제작자, 무용가 양성에 해가 된다. 이러한 신예 예술가들은 어린 시절에 다음과 같은 기본적인 핵심적 질문을 받을 필요가 있다. 공연이 효과가 있었는가? 이 특정 공연의 음색이나 분위기, 느낌은 어떠하였는가? 이 공연은 얼마나 감정이 넘쳤는가? 청중은 감동을 받았는가? 우리는 무언가를 알리거나 감정을 전달했는가?

전설의 재즈 밴드 리더인 듀크 엘링턴(Duke Ellington)과 그의 명곡인 〈스윙이 없다면 아무 의미 없다(It Don't Mean a Thing If It Ain't Got That Swing)〉를 생각해보자. 여러분의 작품에 여러분의 영혼이 더해지면서 스윙(Swing)[3]이 생성된다. 이 곡의 제목은 모든 공연 예술에 일반적으로 적용된다. 즉 음조를 정확하게 연주하고, 사실적으로 그리며, 시행을 정확하게 암송하는 것이 궁극적인 목표가 아니다. 사실 음악계에서 거장이라는 용어는 때때로 문제의 음악가가 위대한 전문적인 기능을 지니고 있다고 하더라도 영혼이 없다는 것을 암시하는 미묘한 혹평으로서 경멸적으로 사용된다.

공연 예술에서 심도 있는 질문과 토론은 기능이 아닌 창의적인 과정과 해석을 다룰 가능성이 크다. 예를 들어, 학생에게 동일한 것을 노래나 장면, 춤의 세 가지 다른 공연으로 듣거나 보도록 하라. 이것은 어떻게 같은가? 그리고 어떻게 다른가? 공연자와 감독은 자신의 특별한 접근법을 이용하여 어떻게 관객

---

3 '흔들다'라는 의미로 "재즈 음악 특유의 몸이 흔들리고 있는 듯한 독특한 리듬감"(출처: 두산백과)을 일컫는 말이다.

과 소통하려고 하는 것 같은가? [여기 음악에 대한 간단한 예가 있다. 학생에게 〈히트 웨이브(Heat Wave)〉의 마사 앤 더 반델라스(Martha and the Vandellas)[4] 버전과 린다 론스태드(Linda Ronstadt)[5]의 버전을 듣고 비교하도록 하라. 정서적으로 이 음악들은 완전히 다른 연주이며 반주의 편곡도 다르다.]

이러한 까닭에 우리는 시각 및 공연 예술 과목의 교사에게 핵심 질문의 생산적인 무대로서 다른 개념적 요소—예술적이고 창의적인 과정, 사회에서 예술의 역할—를 고려할 것을 독려한다. 다음은 이에 대한 보기이다.

예술적이고 창의적인 과정

- 예술가란 누구인가? 누구라도 예술가가 될 수 있는가?
- 왜 사람들은 예술을 창작하는가?
- 예술가는 어디에서 아이디어를 얻는가?
- 감정이나 기분은 어떻게 음악적으로 전달되는가? 시각적인 경우는? 동작을 이용하는 경우는?
- 각각의 예술 행위는 어떠한 방식을 통해 독특하게 전달되는가?
- 나는 어떠한 유형의 예술가인가? 나는 어떠한 유형의 예술가가 될 수 있는가?
- 나는 나 자신의 성장에 도움이 되도록 다른 예술가의 작품을 어떻게 이용하는가?
- 나의 작품은 어떻게, 그리고 왜 변화하고 있는가?
- 나의 작품은 나를 어느 정도까지 변화시키는가?
- 나는 어떻게 하나의 예술 형식에서 성취를 이루었는가?

....

4 미국의 여성 밴드. 대표곡으로는 〈Dancing In The Street〉가 있다.
5 미국의 여성 팝가수. 대표곡으로는 〈Long Long Time〉이 있다.

해석과 비평

- 우리는 예술 작품을 어떻게 '읽고' 이해하는가?
- 예술의 의미는 누가 결정하는가?
- 예술은 메시지를 갖는가?
- 예술은 메시지를 가져야 하는가?
- 하나의 그림은 천 개의 단어만큼의 가치가 있는가?
- 무엇이 '위대한' 예술을 만드는가?
- 나는 이 (음악, 그림, 춤, 연극)을 좋아하는가?
- 이 매체는 메시지인가?
- 일부 매체는 다른 매체보다 특정한 생각이나 감정을 더 잘 전달하는가?

사회에서 예술의 역할

- 예술 작품은 우리에게 사회에 대하여 무엇을 말할 수 있는가?
- 예술은 시대와 장소, 생각을 어떻게 반영하는가?
- 예술은 어떻게 문화를 형성하고 반영하는가?
- 예술가는 청중에 대하여 책임감을 갖는가? 사회에 대하여는 어떠한가?
- 우리는 예술적 표현을 검열해야 하는가?
- 기술의 변화는 어떠한 방식으로 예술적 표현에 영향을 끼쳐왔는가?
- 다른 시대의 예술가는 유사한 주제를 어떻게 탐구하고 표현하는가?

5. 꾸준히 지속하기

우리는 이처럼 간결한 장에서는 실행상 발생하는 문제의 겉만 핥을 수 있을 뿐이며, 이 책이 문제 해결의 쟁점과 관련하여 상호작용적인 도움을 주는 이상적인 자원은 아니라는 사실을 알고 있다. 새로운 학습과 복잡한 공연에서와 마찬가지로, 기능을 습득할 때 시간이 걸리고 역행이 발생할 수 있으며 서서히 의심이 생길 것이다. 그러나 우리가 제공한 체계와 조언이 여러분에게 앞으로 나아가고 탐구에 기반한 지도를 포기하지 않도록 격려하는 충분한 용기와 방향을 줄 수 있기를 희망한다. 또한 백지장도 맞들면 낫듯이, 여러분이 이와 같은 접근법을 함께 탐구하려고 애쓰는 소집단이나 팀을 구성하면 어떠한 어려움도 뜻이 맞는 동료와 실행 연구자를 통해 거의 해결이 될 수 있음을 알게 될 것이다.

플라톤의 동굴 비유에서 알 수 있듯이 투쟁과 저항은 피할 수 없다. 그러나 결국 속박에서 벗어난 학생이 갖는 호기심의 힘을 깨닫게 된 후에 이전의 습관으로 행복하게 돌아갈 사람은 아무도 없다.

FAQ

Q 당신은 핵심 질문은 제약이 없으며 항상 잠정적이라고 말했습니다. 그러나 수학이나 외국어, 기타 기능 중심의 분야에서는 학습자가 단순히 사실적 자료(예: 어휘)를 익히고 주요 기능을 연습하기만 하면 되기 때문에 어떠한 핵심 질문도 존재할 수 없는 것으로 보입니다.

A 1장에서 우리가 제시한 수학과 외국어 과목의 핵심 질문의 예를 다시 보고 이러한 질문의 공통점이 무엇인지 생각해보시기 바랍니다. 이러한 예는 주로 기능이 아닌 전략적 문제, 사실이 아닌 초인지, 기능 자체가 아닌 학습과 기능 사용에 대한 접근법의 상대적 이점과 관련이 있습니다. 수학자들은 수백 년 동안 증명의 방법, 비이성적이고 부정적이며 가상인 숫자와 같은 '이상한' 아이디어의 의미와 가치, 다른 수학적 모형의 강점과 한계에 대해 언쟁을 펼쳐왔습니다. 마찬가지로 언어를 가장 효율적으로 학습하는 방법이나 문화적 이해가 언어 학습에 영향을 끼치는 정도에 대해서 말하자면 결코 명확한 게 없습니다. 우리는 기능 분야의 핵심 질문은 일반적으로 특정 기능 자체가 아니라 기능의 전략적인 사용 문제에 초점을 맞추고 있다고 개괄적으로 말할 수 있겠습니다.

6장

어떻게 교실 안에서 탐구하는 문화를 세울 것인가

많은 공통된 교실의 일과와 교사의 행동이 질문 문화를 그야말로 약화시킨다. 탐구 문화 확립의 시작점은 기존 교육의 의도하지 않은 결과에 대한 교사의 탐구를 수반해야 한다.

이 책에서 우리는 핵심 질문의 특징(무엇)과 목적(왜), 그것을 설계하고 적용하는 방법(어떻게)을 기술하였다. 그러나 핵심 질문의 힘을 완전히 깨닫기 위해서는 탐구 문화를 지지하는 행동과 태도를 형성할 수 있는 협동적이며 체계적인 노력이 필요하다. 우리는 앞선 장에서 문화의 중요성에 대해 시사했다. 우리는 이제 형성되어야 하는 문화의 요소와 형성 방법을 보다 포괄적이며 세부적으로 살펴보겠다.

약 1세기 전에 존 듀이는 교실 문화와 질문에 대해 오늘날에도 유효한 선견지명이 있는 의견을 내놓았다.

아이들이 왜 학교 밖에서는 (고무될 경우 어른을 성가시게 할 정도로) 질문이 많으면서 학교 수업의 주제에 관해서는 눈에 띄게 호기심을 보이지 않는지 아무도 설명한 적이 없다. 이러한 현저한 차이에 대한 성찰은 통상적인 학교 환경이 [질문이] 자연스럽게 제시되는 경험의 맥락을 어느 정도까지 제공하는지에 대한 문제에 해결의 실마리를 제시할 것이다. (Boydston, 2008, p. 162)

학습자는 전형적인 교실 안에서 그들의 행동으로 보여주는 것보다 훨씬 더 탐구적인 존재라는 듀이의 전제에 우리는 동의한다. 또한 여러분은 분명 학업에 관한 학생들의 호기심이 그들이 학교에서 보내는 세월과 반비례적인 관계로 보이는 것을 관찰한 적이 있을 것이다! 이러한 현상의 원인은 무엇인가? 어떠한 요인이 교실에서의 탐구를 좌절시키는가? 일반적으로 사회에 그 책임을 돌리는 것은 쉽다. 어쩌면 학교 밖 요인들이 학생의 동기와 행동에 영향을 끼치고 있는지도 모르겠다. 예를 들어, 진부한 텔레비전 쇼와 비디오 게임은 깊은 사고를 몰아내는 음모를 꾸미는 것처럼 보이며, 정치적 담론은 탐구보다 모욕에 더 가깝다. 그러나 듀이가 강조하며 언급했듯이, 진정한 쟁점은 학교 문화에 있다. 우리가 앞선 장에서 인용했던 상당수의 교실 규범은, 우리의 통제 너머에 있는 더욱 넓은 세계의 요소에 관한 운명론적인 사고에서 벗어나 우리의 환경 안에서 개선될 여지가 있는 것을 정면으로 바라볼 수 있으며 그래야만 한다는 것을 시사한다. 힘든 상황에서 직면하게 되는 가르침에 대한 도전을 최소화하려는 노력을 하지 않으면서 "학생에게 책임을 묻고 부모에게 책임을 물으며 사회에 책임을 묻는" 반응을 용납할 수 없다. 우리는 학생을 가르치는 사람이다. 그리고 그들과 보내는 시간을 상당 부분 통제할 수 있다.

보기 드물게 성취 연구에 관한 800개가 넘는 메타분석을 통합한 존 해티(John Hattie, 2009)는 학생의 성취에 사회경제적 지위보다 더 큰 영향을 끼치는 30개 이상의 교사의 지도—높은 수준의 질문, 초인지에 대한 관심, 목표로 한 반응 등—가 있다고 결론을 내렸다. 사실 이러한 가능성을 무시하기에는 '성취도가 낮은' 학교의 교사들이 소크라테스식 문답 수업과 기획을 바탕으로 한 학습으로 놀라운 결과를 끌어내는 사례 등 너무 많은 반증들이 있다. 루이지애나 고등학교의 어느 토론 수업에서 우리는 교장 선생님이 "나는 우리 아이들이 정말로 생각을 할 수 있는지 모르겠어요!"라며 직접적이고 안타까운 발언을 불쑥 내뱉는 것을 보았다. 비슷하게 우리는 '훌륭한' 학교의 지루하기 짝이 없는 상급반 수업에 참여한 적도 있다. 그때 우리는 이처럼 우리의 통제 안에 있는 학교 문화의 측면을 개선하기 위해 애쓰는 데 실패했는지 모른다.

사실 우리는 만화 속 등장인물인 포고(Pogo)[1]의 유명한 대사야말로 탐구 문화를 저해하는 요인의 중심에 있다고 생각한다. 포고는 이렇게 말하였다. "우리가 적을 만났는데 그 적은 우리였어." 때로는 우리가 인정하려고 하는 것 이상으로 많은 공통된 교실의 일과와 교사의 행동이 질문 문화를 그야말로 약화시킨다. 교과 진도를 맞추는 것과 길어지는 교사의 말이 표준이라면 어디에서 질문을 초대할 것인가? 우리의 평가가 주로 기억 상기나 사실의 인지에 대해 보상하는 것이라면 무언가를 열심히 생각할 수 있도록 하는 기회나 유인책은 어디에서 나오겠는가? 한 학생이 의견을 제시한 후 바보가 된 것 같은 느낌을 받도록 되어 있다면 다른 학생이 자발적으로 의견을 제시할 가능성이 얼마나 될 것인가?

알콜중독자협회(Alcoholics Anonymous)의 출발점(즉, 첫 번째 단계로 문제가 있다는 것을 인정한다.)처럼 우리는 탐구 문화 확립의 시작점은 기존 교육의 의도하지 않은 결과—그것이 어떻게 호기심과 참여, 고차원적인 사고를 억압할 수 있는지—에 대한 교사의 탐구를 수반해야 한다고 주장한다. 여러 연구와 상식이 확인해주듯이, 교육과정과 지도, 교실에서의 일과를 계획적으로 수정하는 것은 학생 참여와 사고의 질에 심오한 영향을 끼칠 수 있다.

이 장에서 우리는 우리의 통제 안에 있으면서 교실 탐구 문화의 근간이 되며 이를 뒷받침하는 여덟 가지 요소를 살펴보겠다.

---

1 미국 만화가인 월트 켈리(Walt Kelly)가 그린 만화 제목이자 주인공 이름이다.

1. 학습 목표의 본질 _ 요소 ①

우리의 수업을 어느 정도까지 우리의 목표에 맞추는가? 이해와 비판적 사고가 성취하고자 하는 결과에 포함된다면 우리의 교육과정과 평가는 이러한 목표를 반영하고 있는가? 다시 말하면, 우리는 우리가 설파하는 것을 실천하고 있는가?

우리는 우선 우리가 옹호하는 목표가 실질적인 실천에 부합되도록 해야 한다. 왜냐하면 탐구의 목표가 그러한 수준에 이를 수 있도록 작동되고 투명해지며 명백한 우선권을 부여받아야 학생의 행동과 태도를 형성할 수 있기 때문이다.

대표적인 건축학적 격언에 따르면, 형식은 기능을 따라가야 한다. 교육에 적용해보자면, 이 말은 우리가 학생에게 하도록 요구하는 일과 시행하는 규범이 우리의 학습 목표에 맞추어 조정되어야 한다는 의미다. 가장 광범위한 의미에서 보자면, '교육과정-지도-평가(curriculum-instruction-assessment: CIA)'의 일치를 언급하고 있는 것이다. 앞선 질문(예: 진짜 목표가 진도를 맞추는 것이라면 탐구가 왜 필요할까?)이 시사하듯이, '교육과정-지도-평가' 경험은 미묘하지만 강력하게 교사와 학생의 역할 및 행동을 형성한다. 이는 왜 앞 장에서 언급했던 전략을 상당수 이용하는 좋은 의도를 가진 교사가 기대하고 희망하는 것만큼 학생이 깊이 생각하거나 자유롭게 말하지 않는 것을 알게 되는지를 설명해준다. 이는 왜 탐구에 전념하는 교사조차도 지나치게 말을 많이 하며 학생의 반응을 거의 유도하지 않게 될 수 있는지를 설명한다. 그러나 이 사실이 정말로 놀라움이 되어야 하는가? 교육과정이 진도 맞추기 위주의 수업을 유도하도록 구성되고 시험은 그저 내용 숙달을 평가하고자 한다면, 심도 있는 탐구는 교사의 바람에도 불구하고 기껏해야 선택 사항이 되며 최악의 경우 효율적인 수업에 대한 방해가 될 뿐이라는 분명한 메시지를 학생들이 받게 되지 않을까?

그렇기 때문에 교사와 학생 모두 전문적인 정보와 기능 습득이야말로 (유일한) 목표라는 가정을 따르고 행동한다면 토론은 피상적이 될 것이고, 질문은 교사와 학생이 때때로 바라는 것과 상관없이 대개 사실에 입각하거나 기술적인 것을 묻게 된다. 진도 위주의 학습만 놓고 보자면 질문의 목적은 정보를 추구하고 기억을 확인하는 것이다. 학생이 묻든 교사나 교과서가 묻든, 우리는 대부분의 질문이 ~은 무엇인가? ~의 단계는 무엇인가? ~는 누구였는가? ~는 언제 발생했는가? 숙제는 무엇인가? 여러분은 ~을 어떻게 하는가? 그 문제를 알기 위해 무엇이 필요한가? 얼마나 걸려야 할까?와 같은 낮은 수준의 수렴적 지식과 이해를 묻는 질문이라는 걸 예상할 수 있고, 으레 이러한 사실을 발견하게 된다. 이러한 상황에서 보다 열린 질문과 오랜 토론은 환영받기보다는 본래의 목적에서 벗어났거나 학습 범위에 방해가 되는 것으로 여겨질 수 있다!

반면, 성공적인 수업을 위해서는 수업 과제와 일과, 평가에서 심도 있는 사고가 요구된다는 사실을 분명하게 한다면 우리는 앞서 언급한 것과 다른 질문으로서 ~은 왜 그런가? 우리는 어떻게 ~수 있을까? 누가 다른 생각을 가지고 있는가? 그러나 그 주장을 ~라는 그녀의 처음 주장과 어떻게 일치시킬 것인가? 무엇을 가정하고 ~를 말하고 있는가?와 같은 고차원적이고 확산적 질문을 기대할 수 있을 것이다. 가장 중요한 사실은 학생들이 이와 같은 질문에 대한 사려 깊은 반응이 성공적인 수업을 위해 필요하며 교실에서 수행하는 과제는 이러한 반응을 끌어내기 위해 설계되어야 한다는 것이다.

이는 우리가 ('2.0판'이라고 부르는) 이해 중심 교육과정 템플릿의 최신판에서 습득 목표와 의미 구성 목표, 전이 목표를 분명하게 구별하는 주된 이유이다. 여기서 학습 목표를 세 가지로 다르게 설정하는 것은 '교육과정-지도-평가'에서 다른 관심을 요구하기 때문이다 전이와 의미 구성은 특히 학생들의 확장적인 사고와 토론을 요구하며, 우리는 설계를 통해 그것을 자극하고 유도하는 지도를 해야 한다. [표 6-1]은 이 세 가지 목표의 보다 명백한 구분과 필요한 교육

[표 6-1] 세 가지 학습 목표, 교사의 역할 및 전략

학습 목표	교사의 역할과 전략
습득 이 목표는 학습자가 사실에 입각한 정보와 기본 기능을 습득하도록 돕는 것을 추구한다.	**직접적인 지도** 이 역할에서 교사의 주요 책임은 목표로 한 지식과 기능에 대해 명쾌하게 지도하고, 필요한 경우 그것들을 구분 지으면서 학습자에게 알리는 것이다. 다음과 같은 전략이 포함된다. • 진단 평가 • 강의 • 선행 조직자 • 도식 조직자 • (수렴적) 질문 • 시연/모델화 • 과정 지도 • 안내된 연습 • 피드백, 정정
의미 구성 이 목표는 학습자가 중요한 개념과 과정의 의미를 구축(즉, 이해에 도달)하도록 돕는 것을 추구한다.	**촉진적 지도** 이 역할을 하는 교사는 학습자가 적극적으로 정보를 처리하고 복잡한 문제나 텍스트, 프로젝트, 사례, 모의실험에 대해 탐구하도록 하고 필요한 경우 그것들을 구분 지으며 지도한다. 다음과 같은 전략이 포함된다. • 유추 • 도식 조직자 • (확산적) 질문 및 탐사하기 • 개념 획득 • 탐구 중심의 접근법 • 문제 기반 학습 • 소크라테스식 문답 수업 • 상보적 교수법 • 형성적(지속적인) 평가 • 재고 및 성찰 자극
전이 이 목표는 학습한 내용을 새로운 환경에서 자주적이고 효율적으로 전이할 수 있는 학습자의 능력을 지원하는 것을 추구한다.	**개인 지도** 이 역할에서 교사는 분명한 성취 목표를 확립하고 점점 복잡해지는 상황에서 (독립적인 훈련을) 수행할 수 있는 지속적인 기회를 지휘하며, 모델을 제시하고 (가능한 개인맞춤형) 반응을 계속적으로 제공한다. 교사는 또한 필요한 경우 '적시적 교수'(직접교수법)를 제공한다. 다음과 같은 전략이 포함된다. • 수행 맥락에 따라 구체적인 피드백을 제공하는 지속적인 평가 • 회의하기 • 자기 평가와 성찰 자극

적 조치를 요약한 것이다. [이해 중심 교육과정의 맥락에서 교육과정의 개선을 고려하려면 Wiggins & McTighe(2007)를 참고할 것.]

다음은 생산적인 탐구 문화 확립에 관한 격언이다. 말한 것을 행동으로 증명하라. 여러분이 생각하고 탐구하기를 원한다면 상호 활동, 과제, 평가가 선택이 아닌 필수라는 것을 확실하게 해야 한다. 그저 핵심 질문을 언급하거나 재언급하고, 교실 주변에 질문을 게시하며, 단순히 기다리는 시간을 늘리는 등 교사가 혼자서 하는 이러한 노력은 탐구 목표와 문화를 발전시키는 데 거의 도움이 되지 않을 것이다. 게다가 학생들이 학교 수업은 단순히 내용 습득과 시험을 위한 것이라고 생각한다고 가정할 수 있을 정도로 우리는 현명하기 때문에 중요한 질문에 대해 탐구할 수 있는 확실한 시간의 확립이 중요할 것이다. 수업에 참여하는 모든 사람은 언제 생각하고 공유해야 하는지를, 그러한 생각과 말이 다른 종류의 수업에서 나오는 것과 어떻게 다른지를, 그리고 깊은 사고에서 나온 토론은 즐겁게 스쳐 지나가는 것이 아니라 중요한 목표라는 것을 알 필요가 있을 것이다.

『파이데이아 제안』(1982)의 저자이자 소크라테스식 질문의 열렬한 지지자인 모티머 아들러는 목표와 수단이 습득 중심에서 공유를 통한 탐구와 토론 중심으로 이동해가고 있다는 것을 학습자에게 분명히 밝히기 위해 비설교적인 형태의 지도를 위한 특별한 수업 기간이나 전체 기간—예를 들어, '수요일 혁명(Wednesday Revolution)'[2]—을 계획적으로 수립할 것을 강력하게 권장하였다. 과학 실험과 예술 수업, 대학의 토론 수업이 비슷한 일을 어떻게 수행하는지 고려해보자. 목표와 시간, 행동에 대한 이러한 유형의 통제는 핵심 질문을 이용하는 수업의 성공에 중요하다. 그렇지 않으면 교사와 학생은 질문을 그저

....

2 모티머 아들러가 학생의 사고력 교육을 위하여 학교에서 고전을 읽고 토론하는 시간을 가져야 한다고 주장하면서 제안한 것이다.

학습 내용에 대한 수사적인 장치로 다루고 의미 구성의 힘을 놓치게 될 것이다.

학습 목표를 분명하고 명확하게 하고 내용 습득에서 탐구 문화를 뒷받침하는 의미 구성으로 목표의 전환이 이루어지는 순간을 명백하게 하기 위한 몇 가지 조언이 다음에 제시되어 있다.

- 핵심 질문을 교실 주변에 눈에 띄게 게시하고 그것들을 (단지 학습 단원을 시작할 때만이 아니라) 자주 언급하라. 이러한 질문의 탐구가 주어진 주제나 기능 영역 학습의 핵심이라는 것을 분명하게 하라.
- 강의계획서에 다른 종류의 행동을 요구하는 다른 유형의 목표가 있다는 것을 분명하게 밝히면서 학년의 학습 목표를 기입하라.
- 목표가 전이, 의미, 습득의 세 가지로 나뉘는 이해 중심 교육과정 템플릿(2.0판)의 학습 단원을 계획하라. 그에 맞춰 각 수업이나 활동에서 다뤄지는 목표와 관련하여 여러분의 수업을 성문화하라. [여러분은 『양질의 단원을 만들기 위한 이해 중심 교육과정 안내서(Understanding by Design Guide to Creating High-Quality Units)』(Wiggins & McTighe, 2011)의 교과목 단위 B와 E에서 더욱 많은 정보를 알 수 있다.]
- 핵심 질문 게시 외에 여러분의 수업에서 갖가지 유형의 학습 목표(예: 내용 학습하기, 핵심 질문 탐구하기, 학습한 내용을 도전과 문제에 적용하기, 비판적으로 생각하기)를 강조하는 커다란 그림을 벽에 부착하고 한 종류의 목표에서 다른 목표로 초점이 옮겨갈 때 말과 시각적인 장치를 이용하여 알려주어라. 다른 목표가 모델 제공과 가르침을 통해 학생들에게 명백해지면 이러한 다른 목표가 요구하는 행동에서 변화하는 것이 무엇인지 서로에게 상기시키도록 하라.
- 학생의 질문에 부합할 뿐 아니라 질문에 대한 대답의 수준을 고려한 평가표를 선정하거나 개발하라. 학생이 제시한 의견을 반드시 점수화하려

하지 않는다. 그리고 적극적인 참여와 정중하면서도 깊은 생각에서 나온 반응이 모두에게 기대되고 있다는 사실을 학생 개개인뿐 아니라 학급 전체가 이해할 수 있도록 하라. 핵심 질문에 대한 학생 대답의 강점과 약점이 무엇인지 반응하는 데 참고할 수 있는 평가표를 사용하라. 동일한 평가표가 동료 반응과 학생의 자기 평가에 사용될 수 있다.

2. 질문, 교사 그리고 학생의 역할 _ 요소 ②

탐구가 내용 습득과는 다른 중요한 목표라는 사실을 확립한 이상 모든 참여자들의 역할을 명확하게 할 필요가 있다. 문화적 관점에서 핵심 질문을 이용하여 수업을 할 때 다음과 같은 세 가지 흥미로운 역할의 전환이 발생한다. (1) 질문이 어떤 답보다 더 중요해져야 한다. (2) 교사는 조력자이자 공동 탐구자가 되어야 한다. (3) 학생은 스스로의 발전에 점점 책임을 지며 스스로에게 교사가 되어야 한다. 이러한 역할은 낯설거나 헷갈릴 수 있기 때문에 이를 위해 분명한 자료와 지도가 필요할 것이다.

1) 질문의 역할

핵심 질문의 전체적인 생각은 대답이 아닌 질문이 중요하다는 신호를 보내는 것이다. 이는 핵심 대답이 아닌 핵심 질문이 이해 중심 교육과정의 1단계—성취하고자 하는 결과는 특정한 대답이 아니라 심도 있고 지속적인 질문이다—에 위치하는 이유이다.

거의 50년 전, 제롬 브루너(Jerome Bruner, 1965)는 심도 있는 이해를 위해 설계된 교육에서 질문의 역할을 조명하는 설명을 제공하였다. 조직된 질문(organizing question)은 "두 가지 기능을 수행한다. 그중 하나는 명백하다. 관점을 특별하게 돌려놓는 것이다. 두 번째는 덜 명백하면서 보다 의외의 기능이다. 이와 같은 질문은 종종 [학생들이] 어디로 향하며 얼마나 잘 이해하고 있는지 판단하기 위한 기준으로서 작용하는 것처럼 보였다"(p. 1012). 우리는 이에 동의한다! 이러한 질문은 시금석의 역할을 하며 의제가 된다. 잘 다루어진 질문은 실은 목표다. 그렇기 때문에 우리는 질문하고 핵심 질문으로 회귀할 때 점점 더 나은 모습을 보여야 한다.

아마도 이러한 변화를 명확하게 하는 가장 좋은 방법은 핵심 질문 대 사실에 입각한 질문의 주요 특징을 언급하는 것이다. 어떠한 핵심 질문이든 그 대답은 언제나 잠정적이고 스스로에게 의문을 가져야 할 필요가 있을 때가 많다. 그렇기 때문에 탐구가 목표일 때 그 대답의 역할은 굉장히 달라진다. 적절한 탐구 질문이 던져진다면 그것이 아무리 인상적으로 들리더라도 탐구와 토론을 종결 지을 만큼 충분히 최종적인 대답은 나올 수 없다. 그래서 대답에 대한 이상적인 반응은 추가적인 대답과 모든 대답에 대한 추가적인 질문을 촉구할 수 있는 것이어야 한다. 우리는 처음에는 대답을 이해하기 위해 그 후에는 그 대답을 제시한 이유를 더욱 잘 이해하고 (특히) 그것을 뒷받침하는 근거와 추론을 찾기 위해 대답에 의문을 갖는다.

그렇기 때문에 핵심 질문은 본질적으로 추가적인 질문을 이끈다. 그리하여 팀 운동에서 경기가 교사인 것처럼 정말로 질문이 교사가 된다. (여러분은 핵심 질문이 게시되어 있는 벽 근처에 앞의 두 표현 중 전자를 부착하고 싶을 것이다.) 핵심 질문이 '교사'로 보이기 전까지 혹은 그렇게 보이지 않는다면 탐구 문화는 아직 확립된 것이 아니다. 다시 말하면, 탐구를 바탕으로 하는 환경에서 대답은 더 이상 말해질 필요가 없는 사실이 아니라 시험되어야 할 가정인 것이다. 이것이 소크라테스식 문답 수업에서든 과학 실험실에서든 혹은 음악실에서든, 대답의 유일하고 진정한 결정권자는 교사가 아니라 다양한 방법으로 질문을 추구한 결과가 되는 이유다.

2) 교사의 역할

결과적으로 교실에서 성인으로서 우리 역할은 '답변자'에서 '탐구 촉진자'로 옮겨가며 이때 우리는 (1) 생산적인 토론의 규범을 모델로 보여주고 강화하기, (2) 신중한 경청자 되기라는 두 가지 기능을 수행한다. 이 역할을 수행하는 촉진자에게는 네 가지 과제가 부여된다. 질문에 거의 답변하지 않기, 대답을 되도록 평가하지 않기, 가능한 도움을 주되 학생의 답변에 관여하지 않는 '교통경찰관' 되기, 지금까지 학생이 제시한 내용에서 새로운 시각이나 모순, 차이를 언급하면서 추가적인 질문 제기하기가 그것이다.

전통적으로 교사의 역할은 토론 시 학생의 답변을 평가하는 것이었다. 그러나 탐구의 문화에서 이러한 행위는 대개 실수를 범하는 게 된다. 학생 자율이라는 궁극적인 목표를 고려했을 때 교사의 점진적인 책임 이양이 요구된다. 학생들이 점차 자발적으로 탐구하고 탐구에 기여하는 평가를 할 수 있게 되는 것은 여러분의 명시적인 목표임에 틀림없다. 여러분은 처음에 이러한 비평을 모델로 보여주고 보상해야 하겠지만, 이 목표는 학생들의 의무가 되어야 한다. 그렇기 때문에 학생들이 다른 사람의 의견이 나올 때마다 마치 답변을 평가하는 것(또는 탐구를 진전시키는 것)이 여러분의 역할인 것처럼 여러분을 무의식적으로 쳐다보는 행위를 멈춘다면 이것은 진보가 이루어지고 있다는 중요한 징후다.

다시 말하면, 여러분이 계획적이고 투명한 방법으로 지도와 판단을 멀리할 때에 비로소 심도 있는 탐구가 진행된다. 여러분의 역할은 과거 소크라테스가 그랬듯이, 더욱 많은 질문을 촉진하고 학생들이 추가적인 탐구의 필요성을 깨달을 수 있도록(우리가 이를 소크라테스식 질문 및 소크라테스식 문답 수업이라고 일컫는 이유다) 돕는 것이다.[3] 일단 여러분이 질문을 묻고 학생들이 수업에 자유롭

---

3 플라톤의 『대화』 속 소크라테스는 실제로 의견을, 때로는 강력하게 피력하며 제시했다. 그러나 이러한 의견은 일반적

게 참여한다는 확신이 들면 여러분의 주요 목표는 학생들이 제시한 의견에 대해 확인 질문과 캐묻기 질문을 하기 위해 신중하게 경청하거나 관련 사실이나 이전에 나온 학생들의 논평을 모든 이들에게 상기시키는 발언을 하는 것이다. 많은 개인적인 경험에 비추어봤을 때, 우리는 여러분이 학생들의 논평에 주목하고 그들이 한 것보다 그 논평을 더욱 잘 정리해서 다시 말함으로써 그들로부터 상당한 존경을 받게 된다는 사실을 말하고 싶다.

5장에서 우리는 핵심 질문을 가지고 수업을 할 때 사용하게 되는 수많은 교사의 조치—촉진자의 역할을 부여받았을 때 해야 할 것과 하지 말아야 할 것—에 관해 논의하였다. 다음은 학생의 대답을 통찰력 있게 경청하고 검토하는 역할을 강조하기 위한 이러한 조치의 몇 가지 예다.

- 엘라, 무엇 때문에 그렇게 생각하지요? 이 텍스트(혹은 문제나 데이터)에서 그러한 생각을 하게 된 부분이 어디인지 말해주겠어요?
- 15분 전 조가 _____을 말했을 때 여러분 모두가 동의를 한 것으로 여겨지는 내용과 지금 나온 짐의 대답이 일치하나요?
- 이것을 또 다른 방식으로 볼 수 있을까요? 라몬이 설득력 있는 주장을 했지만, 이 문제를 흥미롭게 정리할 수 있는 또 다른 흥미로운 방법을 로사가 제안하지 않았나요?
- 다른 사람들도 동의하나요? 사리, 고개를 젓고 있군요. 사리가 생각하는 의견은 무엇인가요?
- 이 대답들은 어떻게 비슷한가요? 그리고 어떻게 다른가요?

으로 다른 사람이 확신을 하고 있지만 논리적으로 결함이 있는 관점에 대응하며 제시한 것이었다. 일단 논리가 소크라테스의 질문이나 토론에 의해 미심쩍다고 드러나면 결과적으로 해당 관점은 재고되었다. 소크라테스의 철학적 사고에 관심이 있는 이들에게 이러한 사실을 가장 잘 보여주는 예는 교육에 관한 유명한 대화에도 수록되어 있는 『메논(Meno)』이다. 〔원주〕

- 프리실라가 무엇을 파악하고 있다고 생각하는지 누가 설명해줄래요? (이 질문은 프리실라의 의견이 분명하지 않고 교사가 가능성이 있는 의견이라고 생각할지라도 무시받을 수 있는 위험이 있을 때 적용할 수 있다.)
- 지금 나는 혼란스러워요. 이안, 어제 그 원인은 _____라고 했어요. 그리고 타냐는 그 의견에 동의했어요. 여러분, 생각이 바뀌었나요?

단기적으로 봤을 때 말하는 것보다 듣는 것이 쉽고 편안하다고 생각하는 교사는 거의 없다. (우리 자신을 포함한 모든 사람들이 새로운 규칙에 따라 자유롭게 새로운 경기를 할 수 있도록 새로운 규약을 언급하는 것이 도움이 되는 이유다.) 사실 수업 문화를 바꾸는 데 가장 큰 장애로 작용하는 것 중 하나는, 이미 5장에서 언급했듯이, 이러한 새로운 규칙 속에서 통제를 잃을지도 모른다는 우리의 두려움이다.

3) 학생의 역할

일단 우리가 질문과 교사의 역할을 이해하면 학생의 주된 역할은 더욱 분명하게 시야에 들어온다. 현재의 목표가 분명하고 '공간'이 제공되면 학생은 자신의 생각에 대해 말하고 시간이 흐르면서 대화에 대한 통제력을 확보하는 주요 역할을 이해하고 연습해야 한다.

또한 극복해야 할 오해가 있다. 토론은 점수를 획득하는 것이 아니다. 진정한 탐구는 논쟁이 아니며 자신의 대답에 대한 잘못된 자신감은 미덕이 아니다. 누군가의 참여가 다른 사람의 참여를 차단할 정도로 지나치다면 눈살을 찌푸리게 된다. 이 모든 것은 공식적인 규칙과 지시문을 통해 제시되어야 한다. 그렇기 때문에 학생의 역할은 운동선수의 그것과 같다. 탐구는 우리가 함께 협력하고 모든 참여자가 최선을 다할 수 있도록 도움을 주고받을 때 탁월한 기량을 발휘하게 되는 팀 운동이다. 최고의 탐구와 토론은 점수나 동료의 압력 혹은 과시하거나 지배하려는 욕구가 동기로 작용하는 계산되거나 거만한 답이 아닌 정직하고 진실한 답변에서 나온다.

탐구 문화를 지지하는 역할을 분명하고 명확하게 만들기 위한 다음의 조언을 고려하라.

- 토론을 하는 동안 학생의 눈을 보아라. 누군가가 의견을 제시하자마자 그 눈들이 무의식적으로 여러분을 향하는가? 아래를 보며 필기를 하거나, 학생에게 자신의 역할을 상기시키거나, 혹은 대답이든 질문이든 최소한 여덟 개의 연속적인 의견을 제시하도록 학생을 독려한 후 토론에 끼어들어라.
- 규약과 지시문(다음 절 참고)에 있는 새로운 역할과 규칙을 설명하고 이러한 역할을 연습하라.
- 통찰력 있는 탐사 질문을 점점 더 많이 하는 학생의 능력을 평가하라.
- 여러분이 글쓰기 프롬프트를 이용하여 필기시험을 보고자 한다면 이전 토론에서 나왔던 학생의 인용구를 프롬프트로 사용하라.
- 답변에 점수를 매기든지 그렇지 않든지 간에 핵심 질문을 다루는 수준이 어느 정도 성장했는지 평가(예: 사전 시험과 사후 시험)하도록 하라.

3. 분명한 규약과 행동 수칙 _ 요소 ③

목표와 역할에 관한 명확성의 중요도를 고려했을 때 분명한 규약—공식적인 행동 수칙—이 탐구를 뒷받침하는 문화적 변화의 핵심적인 수단이라는 결론이 나온다. 학생은 학교와 교실 문화를 형성하는 중요한 역할을 수행할 뿐 아니라 그들의 하위문화는 (그리고 제 기능을 하지 못하는 학교에서는 더욱 그렇듯이)

어른의 믿음과 목표를 능가하면서 규범과 분위기를 조성할 수 있다. 예를 들어, 흔히 보이는 학생의 행동 양식은 지루해하는 것이나 부정적으로 행동하는 것이다(예: 의견을 제시한 학생에게 성적을 높이려는 행동이라고 비꼬며 눈을 굴리거나 모욕적으로 말하기). 행동 수칙의 강화와 이에 대한 신중한 관심만이 이와 같은 힘에 맞설 수 있다.

사실 질문과 대답의 관계(question-answer-relationship: QAR), 소크라테스식 문답 수업, 문학 동아리, 과학 실험, 문제 및 프로젝트 기반 학습과 같은 특정한 교수법—모든 경기와 운동에서의 규칙뿐 아니라—에서 중요한 점은 일련의 분명한 절차를 채택하고 통달함으로써 성취하고자 하는 욕구를 가장 잘 성취할 수 있다는 신호를 규약, 언어 및 도구를 통해 정교하게 보내는 것이다.

질문 규약을 사용하는 힘은 학문적 조직에 국한되지 않는다. 실제로 아래에 제시된 구글의 수장 에릭 슈밋(Eric Schmidt)의 언급에서 드러났듯이, 성공적인 기업은 질문 문화를 발전시킬 수 있는 규약을 채택한다.

우리는 대답이 아닌 질문으로 회사를 운영합니다. 그렇기 때문에 전략적 과정에서 우리는 지금까지 스스로에게 대답해야 할 30개의 질문을 만들었습니다. 예를 하나 제시하도록 하지요. 지금 우리는 현금이 많이 있습니다. 이 현금으로 무엇을 해야 할까요? … 어떻게 하면 우리는 그 제품이 단지 많은 콘텐츠가 아니라 더 나은 콘텐츠를 생산하도록 할 수 있을까요? 흥미로운 질문입니다. … 다음에는 검색 시장에서 어떠한 큰 약진이 있을까요? 그리고 경쟁과 관련된 질문도 있습니다. 마이크로소프트가 다양한 제품을 제공한다고 하는데 어떻게 해야 할까요? 여러분은 간결한 대답보다는 대화를 자극하는 질문으로서 그와 같이 묻습니다. 혁신은 대화에서 나옵니다. 혁신은 그저 어느 날 일어나서 "혁신적인 사람이 되고 싶어."라고 한다고 이뤄지는 것이 아닙니다. 나는 여러분이 혁신적인 문화에 대해 질문을 던진다면 그것을 더욱 잘 확립할 수 있다고 생각합니다. (Caplan, 2006)

그랜트가 집단 탐구를 팀 운동으로 취급했던 사실을 기억하라. 그는 담당하고 연습하며 개선해야 할 필요가 있는 명백한 행동과 역할을 알아냈다. 예를 들어, 앞서 확인된 교사의 촉진 질문이 유인물과 벽보에 게재되었다. 학생들은 이러한 행동을 배우는 것이 자신들이 할 일이라는 말을 들었다. "이러한 질문은 나에게만 부여된 행동이 아니에요. 이것은 가능한 빨리 여러분의 것이 되어야 해요. 토론의 질이 여기에 달려 있기 때문이에요. 난 여러분에게 앞으로 몇 주간 이러한 역할을 담당하고 연습하라고 요청할 거예요. 올해 말까지 여러분은 자연스럽게 이 역할을 수행하게 될 거예요." 학생들은 또한 차후에 훌륭한 토론의 역할을 고안하고 지지할 것을 요청받았다. 실제로 어느 해엔가 그 학생들은 하키 경기에서 볼 수 있는 페널티 박스를 제안하고 시행하였다. 2분간의 '부당 행위'를 하면 이에 대한 대가로 침묵을 해야 하는 합의에 따라(혹은 훌륭한 '심판'이라고 여겨지는 학급 친구에 의해) 페널티 박스로 보내질 수 있다!

우리 모두는 자신이 원하는 답을 내면서 너무 많이 말을 하거나 빈정대거나 탐구를 차단하는 등의 습관에 빠지는 실수를 범하기 때문에 이러한 규약이 필요하다. 이와 같은 공식적인 행동 수칙을 이용하여 우리는 자연스럽긴 하지만 도움이 되지는 않는 행동과 언어를 보다 의도적이고 의식적으로 피해야 할 필요가 있다.

다음은 탐구 문화를 뒷받침하는 규약과 행동 수칙을 개발하기 위한 조언이다.

- 핵심 질문에 관한 수업 중 토론을 위한 행동 수칙의 초안을 학생들과 함께 개발하라.
- 학생들에게 촉진자로서 여러분이 구상하고 있는 행동과 그들이 따랐으면 좋겠다고 생각하는 행동을 알려줘라. 운동 경기에서 하는 것과 똑같은 방식을 이용하도록 하라. 즉, 학생들로 하여금 처음에는 훈련을 통해 이러한 행동 중 한두 개를 연습하고 그러고 나서 실전에서 적용하도록

하는 시도를 매일 하도록 하라.

- 학생들에게 그들이 가장 편하다고 느끼거나 관심이 있는 역할을 맡도록 하라. 학생들이 토론할 때 이러한 역할을 시험적으로 사용해볼 수 있는 구체적인 시간을 확보하라. 학생들에게 매번 스스로에 대한 평가를 하도록 하라. 모든 사람이 성공적인 탐구에 필요한 이러한 역할을 개인적 및 집단적으로 얼마나 잘 이행하고 있는지 학급 전체 학생들과 주기적으로 검토하라.

4. 안전하고 우호적인 환경 _ 요소 ④

수업 참여자들이 안전하고 자신의 기여가 가치 있게 받아들여진다는 느낌을 받지 못한다면, 혹은 교사와 학급 동료의 논평이 불안을 조성하는 경향이 있어 학생들이 바보처럼 보일지도 모른다는 두려움을 갖는다면, 혹은 교사의 점수 제도가 오직 사실에 입각한 지식에 대하여 보상을 한다면, 교사가 탐구에 대하여 무슨 말을 하든 심지어 공식적인 행동 수칙이 무엇이든 그것은 중요하지 않게 된다. 우호적이지 않은 분위기에서는 조용하고 무난한 질문만 나온다는 사실에서 알 수 있듯이, 학생들은 많은 공개적인 위험을 결코 감수하려 하지 않는다. 또한 그들의 말에는 가식과 잘못된 확신이 담겨 있으며, 행동에는 교사나 학습 내용, 학급 친구들에게 의문을 제기하려는 의지가 보이지 않는다.

탐구에 적합한 분위기를 드러내는 일차적인 방법은 불확실성을 솔직하고도 사려 깊게 보여주는 것이다. 우리는 불확실성을 표현할 때 멍청하게 보이거나 그렇게 들릴 수 있다는 스스로에 대한 두려움을 극복하고 학생들도 극복할 수 있도록 도와야 한다. 이러한 두려움은 교사와 학생 모두에게 깊이 내재되어 있기 때문에 핵심 질문을 자유롭게 탐구하고 논의하라는 권유조차 처음에

[표 6-2] 수업 분위기 조사

1. 오늘 토론에 대하여 어떻게 느꼈나요?					
	1	2	3	4	

2. 쟁점에 대한 처리는 어땠나요?					
심도 있음	1	2	3	4	피상적임

3. 학급 토론은 얼마나 개방적이고 솔직했나요?					
개방적이고 자유롭고 솔직한 논의	1	2	3	4	조심스럽고 솔직하지 않은 논의

4. 얼마나 편안하다고/마음 놓고 이야기할 수 있다고 느꼈나요?					
마음 놓고 이야기하기가 가능함	1	2	3	4	생각을 말하기가 두려움

5. 촉진자는 어땠나요?					
훌륭한 경청자	1	2	3	4	좋지 못한 경청자/말이 지나치게 많음
숙련된 통제력	1	2	3	4	통제력이 없음

6. 이 토론에서 가장 중요한 부분은 무엇이었나요?

7. 이 토론에서 최악이었던 점은 무엇이었나요?

8. 의견:

는 거의 받아들여지지 않는다. 실제로 우리 두 사람은 지난 수십 년 동안 수많은 최상위 학생들, 그리고 심지어 교사도 의견을 내놓기 전에 "이 말이 멍청하게 들릴지도 모르겠지만…"과 같은 전제를 다는 것을 자주 목격했다.

그렇기 때문에 우리는 의혹과 불확실, 자신의 대답이 멍청하게 들릴지도 모른다는 두려움에 대한 문제를 토론해야 한다. 발언자가 가질 수 있는 두려움에도 불구하고 '어리석은' 의견이 어김없이 통찰력이 있다고 드러나거나 가치 있는 생각을 촉발할 수 있다는 사실에 교사와 학생이 확실하게 주목하기 시작할 때 분위기는 분명히 긍정적으로 변화한다.

이러한 이유로 학급 토론에서건 학생 조사를 통해서건 현재의 분위기와 그 분위기를 개선할 수 있는 일에 전념하는 것 또한 필수적이다. [표 6-2]는 매주 그랜트가 사용했던 간단한 조사를 보여준다.

우리가 4장에서 언급했듯이, 탐구와 토론을 증진시킬 수 있는 다양한 교사의 행동이 있다. 반면 답변과 개념에 대한 사고와 공유, 탐구를 막을 수 있는 부적절한 교사의 행동도 오래 전부터 알려져 왔다. 그러나 문화적 관점에서 봤을 때 학생이 자신의 생각에 대해 자유롭고 솔직하게 말하도록 도움을 주는 교사의 행동을 지원(혹은 차단)할 수 있는 기타 환경적인 요소들이 있다.

개인이 의견을 말하는 것을 독려하고 마음 놓고 이야기할 수 있는 탐구 문화를 지원하는 분위기를 조성하기 위해 다음에 제시된 아이디어를 시도하라.

- 4장에서 언급한 생각을 검토하라.
- 며칠 동안 여러분의 수업을 비디오에 녹화하거나 테이프에 녹음하라. 먼저 여러분의 어조와 기다림의 시간 등 스스로에 대해 경청하라. 여러분이 던지는 고차원 질문과 저차원 질문의 수를 세라. 학생들의 논평에 대한 여러분의 반응을 들어라. 여러분의 태도에서 학생들에게 편안함을 주거나 막는 것은 무엇인가? 이제 학생들을 보고 그들의 말을 들어라. 어떠한 주요 행동이 사려 깊은 논평과 깊이 있는 탐구를 유도하거나 저해하는가? 그렇다면 여러분의 수업이 앞으로 나아갈 수 있도록 마음 놓고 이야기할 수 있는 지원적 문화를 확립하기 위해 어떤 반응과 규약이 추천되는가?

- 평가표나 점검표를 이용하여 기록을 하고 토론에 대한 반응을 보여줄 '과정 관찰자'를 한 명 이상 지정하라.

5. 공간과 물적 자원 사용 _ 요소 ⑤

토론을 뒷받침할 수 있는 공간이 설계되면 유동적이고 확장적이며 심도 있는 토론이 용이해진다. 모든 교사는 학생들이 교사와만 마주본 채 앞 사람의 뒤통수를 바라보도록 줄지어 앉아 있을 때보다 원이나 직사각형 모양으로 둘러앉았을 때 토론이 훨씬 활발해진다는 사실을 안다. 아들러(1983)가 말했듯이, 성공적인 대화의 전제 조건은 "강당 내부와 대조를 이룰 수" 있는 "교실의 비품"(p. 173)이다. 『파이데이아 교실(The Paideia Classroom)』의 저자가 언급했듯이, "토론 수업에서 둥그렇게 앉는 이유는 모든 학생이 반 친구들과 더욱 쉽게 말을 하기 위함"이며 교사는 "권위자의 역할을 상징적으로 맡지 않도록" 그 원 안에 앉아 있어야 한다(Roberts & Billings, 1999, pp. 53, 56).

가장 현대적인, 특히 실리콘 밸리에 있는 기업들은 대화와 혁신을 극대화하기 위해 많은 공간과 비품의 구성에 대한 실험을 하였다. 새로운 픽사(Pixar) 본부가 세워질 때 스티브 잡스(Steve Jobs)가 요구한 사항에 대해 전해지는 이야기가 있다.

그[스티브 잡스]는 픽사 건물이 계획에 없는 만남과 협력을 촉진할 수 있게 설계되도록 하였다. 그가 말했다. "만약 건물이 이를 장려하도록 설계되지 않는다면 여러분은 뜻밖의 발견으로 유발되는 수많은 혁신과 마법을 상실하게 될 것입니다. 그렇기 때문에 우리는 서로 만날 일이 없는 사람들이 사무실에서 나왔을 때 중앙 아트리움에서 어우러질 수 있도록 건물을 설계했습니다." 정문과 중앙 계단, 복도가 모두 아트리움으로 연결되었다. 구내식당과 우편함도 아트리움에 있었으며, 회의실의 창문은 아트리움과 면해 있었다. 600석의 극장과 그보다 작은 두 개의 상영관 역시 사람들이 나오면 아트리움으로 쏟아져 들어가도록 설계되었다. 래시터(Lasseter)가 회고하였다. "스티브의 생각은 처음부터 효과가 있었어요. 나는 몇 달간 보지 못했던 사람들과 계속해서 마주쳤어요. 나는 이곳처럼 협력과 창의성을 촉진한 건물은 본 적이 없어요."(Isaacson, 2012, p. 100)

분명, 대부분의 우리에게는 학교를 설계할 기회가 없다. 그러나 대부분의 교사들은 움직이는 모듈식 비품을 사용하는 오늘날과 같은 시대에 교실 공간에 대한 상당한 통제력을 가지고 있다. 우리는 여러분에게 어떻게 하면 교실 비품이 탐구와 토론, 협력이 교실 안에서 이뤄지는 핵심 경험이 되도록 개조될 수 있는지 분석을 하도록 권장한다. (교육 공간 설계와 관련된 풍부한 온라인 보고서를 원한다면 http://jan.ucc.nau.edu/lrm22/learning_spaces/를 참고할 것. 업무 공간 설계에 관해 건축학적 관점으로 쓴 흥미로운 기사를 원한다면 http://www.archdaily.com/215703/caring-for-your-office-introvert/를 참고할 것.)

우호적인 공간 개발과 탐구 문화 지원을 위한 비품 사용에 관한 다음의 조언을 시도하라.

- 공동 탐구가 목표라면 학생들의 책상과 의자를 원이나 직사각형 모양을 형성하도록 이동시켜라.
- 규모가 상당히 큰 수업이라면 내부 원과 외부 원을 만들어서 학생들의 절반이 토론을 하는 동안 나머지 학생들은 기록을 하면서 토론 내용과 과정에 대해 나중에 논평을 하도록 준비시킬 필요가 있다. 번갈아가면서 소그룹 토론을 학습 과정의 일부로 삼을 수 있다.

6. 교실 안팎에서의 시간 사용 _ 요소 ⑥

이 책의 여기저기에서 우리는 독자에게 목표와 수단의 변화를 드러내기 위해 질문에 대한 공동 탐구가 일어날 수 있는 구체적인 시간을 분명하게 확보할 것을 요구해왔다. 우리가 제시하는 비율이 비록 임의적이라 할지라도 우리는 학생들이 심도 있는 공동 탐구에 전념하는 시간은 수업 시간의 20~50퍼센트일 것이라 말할 수 있으며, 이 범위는 어느 정도 타당하다.

우리가 몸담고 있는 분야에서 저지르는 가장 큰 오류―우리는 이를 교육의 '자기중심적인 오류'라 한다―는 "내가 그것을 가르치고 강조했다면 그들은 그것을 알고 있음에 틀림없다(혹은 알고 있어야 한다)."고 생각하는 것이다. 이에 대한 필연적인 결과는 "모든 자료를 다루어야 하는 소중한 시간 중 너무 많은 부분을 토론과 숙고에 빼앗긴다."고 생각하는 것이다. 우리가 현재 과학적으로 알고 있는 사실, 즉 모든 훌륭한 교사가 직관적으로 알고 있는 사실은 복잡한 생각을 처리하는 데 시간이 필요하다는 점이다. 실제로 우리가 학생들의 이해에 신경을 쓰고 있다면 의미 구성을 이루고 혼란 및 오해를 알아내기 위한 지속적인 평가를 하며 더 나은 탐구, 토론, 학습 방법에 대한 초인지적 통찰력을 허락하는 데 수업 시간을 할당해야 한다.

일례로, 하버드 대학의 물리학 교수로서 10년 이상의 연구를 통해 (물리학과 관련된 오개념에 관한 시험뿐 아니라 기존의 전통적인 시험에서 나타났듯이) 더 나은 이해와 기술적 지식은 덜 형식적인 지도와 더 많은 동료와의 상호작용 및 구성주의 학습 경험에서 비롯될 수 있다는 사실을 보여준 에릭 마주르를 생각해보자(Eric Mazur, 1997). 그가 강당에서 대규모 수업을 진행했다는 점에서 그의 교육적 효율성은 특히 주목할 만하다. 그는 또한 모든 학생들을 적극적으로 참여시키고 그들의 이해 여부를 주기적으로 관찰하는 학생 반응 시스템(클릭 장치)을 사용하는 고등 교육의 선구자 중 한 명이다. (http://www.youtube.com/watch?v=1BYrKPoVFwg에서 마주르의 방식이 어떻게 실행되는지 영상을 보아라.)

교실 안에서의 시간만 고려해야 하는 것은 아니다. 우리가 학생들에게 교실 밖에서 하도록 요구하는 것도 분명 탐구와 관련된 목표 성취를 위해 중요하다. 학생들이 글을 읽거나 실험을 하거나 인터넷 검색을 하거나 학습 모임에서 생각을 탐구하고 공유하지 않는다면 글이나 쟁점, 데이터에 관한 실질적인 토론이 이루어질 수 없다.

칸 아카데미(www.khanacademy.org)의 영상의 질을 어떻게 생각하든 교실을 '획기적으로 바꾼다'는 생각이 받아들여지고 있다는 것은 확실히 명백한 사실이며, 이는 감사한 일이다. 교실 밖에서도 모두가 수많은 정보와 개별 지도, 가상 반응을 쉽게 이용할 수 있기 때문에 소중한 수업의 순간순간을 거의 틀림없이 시간을 최선으로 활용하는 데, 즉 생각을 공유하고 지식을 가치 있는 작업에 적용하며 반응을 얻고 활용하며 사라지지 않는 문제에 대해 숙고하는 데 쏟을 수 있다(Bergmann & Sams, 2012; Miller, 2012 참조).

탐구 문화를 뒷받침하는 시간 활용을 최적화할 수 있는 방법에 관한 다음 조언을 고려하라.

- 동료와 함께 다음 질문을 고려하라. 학습 목표를 성취하기 위해 교실 안 팎에서의 귀중한 시간을 가장 잘 사용하려면 어떻게 해야 하는가?
- 특정 공식적인 기간을 따로 확보하라. 이 기간에는 질문 추구가 학생의 당면한 일이며, 이때의 규약과 행동 수칙이 공식적으로 확립되어 있다. 일부 시간이 목표와 관련이 있는 새로운 규칙을 학습하고 연습하기 위해 주어진다.
- 코치와 운동선수 및 연주자의 관계에서도 볼 수 있듯이 탐구와 토론에 대해 정리—무엇이 효과가 있었는가? 무엇이 효과가 없었는가? 가장 흥미로

운 부분은 어디였는가? 개선을 위해 무엇이 필요한가?—하는 시간 역시 따로 확보되어야 한다.

7. 텍스트와 다른 학습 자료의 사용 _ 요소 ⑦

이 책 여기저기에서(그리고 이해를 위한 지도에 관한 우리 글의 전반에 걸쳐) 우리는 독자에게 교과서를 교육과정이 아닌 자료로서 생각하라고 이야기를 하였다. 요소 ①에 대해 논의할 때 언급했듯이, 교과서가 바로 교육과정이 되고 교사가 그것에 얽매여 진도를 나가게 되면 주어지는 것을 학습하는 것이 학교 교육의 핵심이라는 메시지가 명확하고 단호해진다. 그렇기 때문에 교과서 중심의 수업에서 심도 있는 탐구는 수업이 옆길로 새는 것 같은, 즉 다루어야 할 자료가 많은 데 비해 시간은 비효율적으로 사용되는 것 같은 느낌을 준다. 그래서 교사는 추가적인 탐구를 위해 교과서가 할 수 있는 것과 할 수 없는 것을 주도적으로 볼 수 있어야 한다. 대부분의 경우 교과서에 부족한 것을 보완하는 추가적인 자료 제공, 예를 들어 강의 요강, 추가 텍스트와 매체 자료, 서면 규약, 개인 및 집단 연구 계획, (특히) 탐구 중심의 평가와 평가표 등이 요구된다.

다음은 미국사 수업에서 교과서를 보완하는 방법에 대한 간단한 사례다. 학생이 그것은 누구의 역사인가? 역사에서 목적과 편견은 무엇인가?와 같은 핵심 질문을 생각해보길 여러분이 원하고 있다고 가정하자. 안타깝게도, 대부분의 교과서는 그 문제를 얼버무리고 넘어갈 뿐 아니라 역설적이게도 권위 있는 자료인 척 가장—종종 단순히 사실을 제시하는 것이 아니라 특정 이해를 강요할 때 모호하게 함으로써—한다. [이 중요한 쟁점에 대해 더 많은 것을 알고 싶다면 제임스 로웬(James Loewen, 1996)이 쓴 『선생님이 가르쳐준 거짓말: 아무도 가르쳐주지 않은 미국사의 진실(Lies My Teacher Told Me: Everything Your American History Textbook Got Wrong)』을 참고할 것.]

다음은 미국 혁명과 관련하여 교과서의 내용을 보완하고 학생이 더욱 깊이 있게 핵심 질문을 탐구하도록 유도하는 추가적인 짧은 읽기 자료다.

미국 혁명의 원인은 무엇이었는가? 7년 전쟁 이후 수년간 이어진 영국 정부의 폭정이 원인이었다는 주장이 있곤 했다. 이러한 관점은 더는 받아들여지지 않고 있다. 역사가들은 현재 영국의 식민지들이 세계에서 가장 자유로웠다는 사실을 인정하고 있다. …

프랑스의 위협은 1763년 이후 사라졌으며, 식민지들은 더는 심리적으로 영국의 원조에 의존하지 않았다. 이 사실이 그들이 독립을 원했다는 것을 의미하지는 않았다. 대다수의 식민지 주민들은 인지 조례(Stamp Act)[4]가 제정된 이후에도 충성스러웠다. 그들은 영국 제국과 그것의 자유를 자랑스러워했다.…인지 조례가 제정되고 수년 뒤 소수의 급진주의자가 독립을 지지하기 시작했다. 그들은 문제를 일으킬 수 있는 온갖 기회를 기다렸다.…급진주의자들은 위기를 만들 기회를 즉시 잡았으며, 보스턴에서 보스턴 차 사건을 일으킨 단체도 이들이었다. … 13개의 식민지[5]에서 혁명은 실제로는 충돌하는 충성심으로 인구 전체가 찢어진 내전이었다. 훗날 존 애덤스(John Adams)는 1776년에 인구의 3분의 1에 못 미치는 사람들이 전쟁에 찬성했을 것이라고 말했다. (미국 보건복지교육부, 1976, p. 17)

여러분이 짐작했을지도 모르지만, 위의 글은 미국의 평범한 교과서에서 발췌한 것이 아니다. 바로 캐나다의 고등학교 역사 교과서에 실린 글이다! 이제 주요 교과서를 간단히 보충한 결과로서 역사란 무엇인가? 누구의 이야기인가? 어떤 자료를 믿을 수 있을까?와 같은 질문이 생명을 얻게 된다. (또한 우리가 4장에

---

4 영국 의회가 미국 식민지에 대하여 각종 증서, 신문 따위의 인쇄물에 인지세를 매기는 일을 정한 조례.
5 북아메리카에 있던 영국의 옛 식민지.

서 소개했던 것으로서, 학생을 핵심 질문에 대한 대안적 관점과 직면하게 하는 생각이 이러한 예에서 어떻게 구현되는지 주목하라.)

우리는 교과서가 탐구 문화를 뒷받침하기 위해 필요한 것을 충분히 갖추고 있는지(그리고 어느 부분에 가지고 있는지) 확인하기 위해 교사가 다음의 질문을 이용하여 각각의 교과서를 신중하게 살펴보아야 한다고 강력하게 권장한다. 핵심 질문을 고려했을 때,

- 어떤 장이 강조되어야 하는가? 대충 읽어야 하는 장은? 전체적으로 건너뛸 장은?
- 해당 장의 어떤 절이 강조되어야 하는가? 대충 읽어야 하는 절은? 전체적으로 건너뛸 절은?
- 해당 장의 어떤 부분이 대안적 관점이나 당대의 쟁점, '골치 아픈' 문제를 강조하는 자료로 보완될 필요가 있는가?
- 그럴듯한 줄거리 밑에 숨어있는 중요한 질문은 무엇인가?
- 핵심 질문과 관련된 정보로서 이 장에서 얻을 수 없는 것은 무엇인가?
- 특히 교과서에 제시된 문제가 숙달해야 할 내용만을 강조할 때 핵심 질문을 해결하기 위해 어떤 평가가 설계되어야 하는가?

8. 평가의 실천 _ 요소 ⑧

마지막이자 앞서 언급한 것과 마찬가지로 중요한 교육 문화의 핵심적인 측면은 평가와 관련이 있다. 이 오랜 진리는 "우리는 우리가 가치 있게 생각하는 것을 평가한다.", "평가된 것은 마무리된 것이다.", "우리가 그것을 중요하게 여기면 그것은 중요한 것이다."와 같은 많은 명언을 포함한다. 물론 학생들은 학

교 내에서 이뤄지는 이와 같은 경기를 재빨리 이해한다. 그들이 "이것이 시험에 나올 건가요?", "이것은 중요한가요?", "이것은 몇 점짜리인가요?" 등의 질문을 계속해서 한다는 사실이 이를 입증한다. 우리가 시험을 실시하고 점수를 매긴다면 그것은 중요하다는 의미다. 우리가 평가를 하지 않는다면 그것은 (우리가 그 중요성을 아무리 강조한다고 하더라도) 전혀 중요하게 여겨지지 않을 것이다.

중요한 질문에 대한 심도 있는 탐구가 정말로 중요하다는 분명하고도 확실한 메시지를 전달하는 교과서나 지역 내 평가는 거의 없다. 그렇기 때문에 사고 및 탐구와 관련된 신념과 태도, 행동을 바꾸려는 바람이 있다면 우리는 핵심 질문이 설파하는 것을 실행하는 평가를 개발해야 할 것이다.

간단히 말하자면, 우리는 의문을 가지고 조사하며 고차원적인 질문에 근거와 주장으로 대응하는 학생의 능력을 평가해야 한다. 실제로 이러한 사항들은 영어/언어 과목에 대한 새로운 공통 핵심 성취기준에서 우선되는 것들이다. [평가에 관한 보다 냉철한 토론을 우리의 이해 중심 교육과정 연구(Wiggins & McTighe, 2005, 2011 & 2012 참조)에서 볼 수 있다.]

평가에서 핵심 질문을 사용하는 자연스러운 방법은 질문을 공식적인 자극제로서 여러 번 제시하는 것이다. 사전 평가로서, 지속적인 형성평가 시, 그리고 총괄평가의 일환으로 핵심 질문을 제시하라. 보다 나은 질문과 답변이 목표이기 때문에 이와 같은 간단한 기술은 우리가 구하고자 하는 것을 분명하게 해준다. 그다음에 평가표와 학생 결과물 표본을 통해 여러분이 추구하는 진보의 성격을 분명하게 하라.

그랜트는 토론과 신중한 경청을 강조하기 위해서 학급 토론에서 나왔던 인용구들을 사용하는 "인용구 맞추기" 퀴즈를 학생들에게 제시하는 우아한 기법을 수업 시간에 종종 이용하였다. 이 퀴즈는 토론의 화제 및 그것을 말한 학생과 인용구를 맞출 것을 요구한다. 이와 관련이 있는 전략의 일환으로 그랜트의 딸 알렉시스(Alexis)는 학생들의 토론을 실시간으로 관찰하고 평가하기 위한 부호화 체계([표 6-3])를 개발하였다. (여러분은 www.authenticeducation.org/alexis에서 교사의 어떠한 개입 없이 『로미오와 줄리엣』에 관한 심도 있는 토론에 참여하고 있는 알렉시스의 학생들을 볼 수 있다.) 다음은 알렉시스가 뉴욕에서 교사로 일할 때 사용했던 문서의 변형본이다.

이것은 팀 활동이기 때문에 팀 점수가 부과될 것입니다. 전체 학급이 같은 점수를 받게 될 것입니다. 이 활동은 여러분이 **A**학점을 받기 위해 학급 전체로서 해야 합니다. 진정으로 성실함을 요구하는 다음과 같은 분석적인 토론이 필요합니다.

1. **모든 사람**이 의미 있고 실질적인 방법으로, 그리고 거의 동등하게 참여한다.
2. 속도는 명료성과 사려 깊음을 가능하게 하되, 지루하지 않게 한다.
3. 균형과 순서를 의식한다. 한 번에 한 명의 발화자와 아이디어에 초점을 맞춘다. 토론은 '과열'되거나 피상적이지 않되, 생생하게 살아 있다.
4. 토론이 벌어진다. 새로운 질문과 쟁점으로 넘어가기 전에 기존의 것을 해결하려는 시도가 있다.
5. 논평이 길을 잃지 않는다. 목소리가 크거나 장황하게 말을 늘어놓는 학생이 토론을 지배하지 않으며, 수줍음이 많거나 조용한 학생은 격려를 받는다.
6. 학생들이 신중하고 깍듯한 태도로 서로의 말을 듣는다. 누군가가 의견을 제시할 때 떠들거나, 공상을 하거나, 종이를 바스락거리거나, 인상을 쓰거나, 휴대전화나 노트북을 만지는 사람이 없다(이러한 소통은 전반적으로 토론에 실례나 해가 된다). 빈정대거나 경박한 말도 마찬가지다.
7. 모든 학생의 말이 분명하게 이해된다. 자신의 의견이 잘 전달되지 않거나 이해받지 못한 학생은 다시 한 번 말할 것을 권장 받는다.
8. 학생은 깊은 의미나 새로운 통찰을 얻기 위해 위험을 감수하고 노력한다.
9. 학생은 예시나 인용구 등을 들며 자신이 말한 것을 뒷받침한다. 그들은 (가능한) 증거로 의견을 뒷받침할 것을 상대방에게 요청한다. 해당되는 텍스트가 자주 참고로 사용된다.

학생들이 (매우 드문 경우지만) 인상적일 정도로 높은 수준으로 앞의 내용을 이행할 때 A 학점을 받을 것이다. 그리고 위의 목록에 있는 대부분의 내용을 이행할 때 B학점을 받을 것이다(상당히 훌륭한 토론 사례이다). 학생들이 위의 내용 중 절반 혹은 절반을 약간 넘는 정도를 이행할 때는 C학점을 얻을 것이고, 절반 이하의 내용을 이행할 때는 D학점을 받게 될 것이다. 토론이 정말로 엉망이 되거나 완전히 실패하고 위의 내용 중 이행되거나 진정으로 시도된 것이 사실상 없는 경우 F를 받는다. 제대로 준비하지 않거나 의지가 없는 학생은 자신이 속한 집단 전체에 피해를 줄 것이다. 여러분이 학급 토론을 하기 위해 글을 읽고 필기를 하고 준비를 할 때 이 점을 기억하도록 하라.

[표 6-3]과 [표 6-4]는 여러분이 집단 토론을 관찰하면서 식별할 수 있는 행동을 부호화하고, 무엇을 어떻게 평가할 것인지를 학습자에게 알릴 때 사용하거나 수정할 수 있는 실질적인 도구다.

다음은 탐구와 토론을 지원하는 평가 개발에 필요한 조언이다.

- 개인, 소집단 및 전체 학급에게 그들의 행동이 이 장의 사례에서 제시된 자료를 이용한 공동 탐구를 지원하는 목표와 기준에 어떻게 부합하는지를 알려주는 주기적인 피드백을 제공하라.
- 종종 여러분의 수업을 비디오에 녹화하고 학생들로 하여금 여러분이 제공하는 평가표나 부호 용지를 이용하여 자신의 성취도를 스스로 평가하도록 하라.
- 여러분의 점수 제도가 질문자와 공동 탐구의 참여자로서 학생이 얼마나 향상되었는지를 파악하는 내용을 포함하도록 하라.

[표 6-3] 집단 토론을 위한 부호화 도구 견본(중등 수준)

★	=	통찰력 있는 논평
A	=	갑작스러운 입장 변화, 대화의 흐름 중단
C^D	=	이전 학급 토론과 이어짐
C^L	=	삶과 이어짐
C^{OT}	=	교실 밖 텍스트와 이어짐
C^T	=	(읽기 지문이 아닌) 현재 텍스트와 이어짐
C^W	=	칠판의 내용과 이어짐
D	=	산만하고 수다스러우며 과제에서 벗어남
E	=	설명
EQ	=	교과 과정/단원의 핵심 질문 언급
F	=	표면적이거나 요약된 관찰
G	=	경박하거나 지각이 없으며 빈정대는 논평
H	=	듣기 어려움
H^C	=	목소리를 높여 달라는 요청을 받음
I	=	방해
IG	=	비논리적인 발언이나 예측
IG^Q	=	비논리적인 질문
L	=	길을 잃은 논평
O	=	순서를 체계화하거나 유도하거나 요구함
O^{SP}	=	상대방을 곤란하게 함
P	=	예측
Q	=	질문
Q^2	=	2단계 질문
$Q^★$	=	통찰적 질문
Q^C	=	명료화 질문
Q^F	=	표면적인 질문
R	=	장황하고 초점을 벗어나며 분명한 골자 없이 이야기를 이어감
Rp	=	(앞의 의견을 제대로 듣지 않고) 누군가가 말한 분명한 사안을 반복함
S	=	저자/쓰기 스타일 언급
Sp	=	학급 친구에 의해 곤란해짐
T	=	텍스트에 대한 언급
W	=	칠판에 무언가를 씀
X	=	독해에 오류가 있음
X^C	=	오류 수정
Y	=	종합하거나 큰 그림을 봄

* 출처: ⓒ 2013 Alexis Wiggins.

[표 6-4] 집단 토론을 위한 부호화 도구 견본(초등 수준)

집단 토론	일어나지 않음	때때로	자주	대부분	항상
모든 학생이 참여했음.					
모든 학생이 경청했음.					
모든 학생이 큰 소리로 분명하게 말했음.					
모든 학생이 주제에서 벗어나지 않았음.					

교실에 어울리도록 배열된 좌석 배치도를 채택함으로써 개별 학생에 대한 평가를 간단히 할 수 있다. 전통적인 교실 배치 모형이 제공되지만 반드시 권장되는 것은 아니다.

분류: *=기여, I=방해, Q=적절한 질문, D=산만하고 과제에서 벗어남

교실 전면

188

9. 형식은 기능을 따른다

이 장에서 이미 언급했듯이, 우리는 "말한 것을 행동으로 증명하라."와 "우리가 설파하는 것을 실천하라."는 격언에 있는 이 모든 생각들을 요약할 수 있다. 교실의 환경과 의제는 실천과 방침이 효과적인 탐구 목표에 부합할 수 있도록 형성되어야 한다.

[표 6-5]에서 우리는 탐구와 질문 문화를 저해할 수 있는 요인들과 대조를 이루면서 이러한 문화를 뒷받침하는 여덟 가지 요소를 요약한다. 이 여덟 가지 요소를 여러분의 교실이나 학교를 직접 평가하기 위한 기준으로 생각하고, 여러분의 행동과 전진하기 위해 필요한 조정 사항을 보여주는 도구로 사용하라.

[표 6-5] 여덟 가지 통제 가능한 교실 문화 요소

문화적 요소	질문 문화를 지지하는 조건	질문 문화를 저해하는 조건
1. 학습 목표의 본질	학생이 다양한 종류의 학습 목표, 특히 열린 질문에 대한 탐구는 내용 숙달의 목표(만큼 중요하긴 하지만)와 다르다는 사실을 인지한다.	학생이 학습의 핵심은 그저 내용 지식에 관한 숙달에 있다고 믿는다. (그리고 교사의 행동으로 인해 이러한 믿음이 강화된다.) 학생이 교사의 질문은 자신의 대답 다음에 나오며 지적인 흥미와 상관없이 확정적인 탐구와 토론은 진정한 학습 목표에서 벗어나거나 관련이 없다고 믿는다.
2. 질문, 교사, 학생의 역할	교사와 학생의 역할이 핵심 질문에 대한 공동 탐구를 뒷받침하기 위한 것으로 분명하게 규정된다. 적극적인 지적 참여와 의미 구성이 학생에게서 기대된다. 핵심 질문은 시금석의 역할을 하며, 답변은 추가적인 질문을 유도할 수 있다.	교사가 전문가의 역할을 담당하며, 학생은 자발적인 지식의 수용자 역할을 할 것으로 기대된다. 질문이 자료에 대한 학생의 이해를 확인하기 위해 사용되며, 대답은 정답이나 틀린 답으로 구분된다.
3. 분명한 규약과 행동 수칙	질문 및 질문과 답변의 대응과 관련이 있는 적절한 행동에 대한 분명한 규약과 행동 수칙이 있다. 모든 학습자는 토론에 참여하고 의견을 제시할 것으로 기대되며, 모든 의견 제안자는 정중한 대우를 받을 것이다.	탐구와 토론에 어떻게 참여하는지 혹은 교사의 질문이나 학생의 답변에 어떻게 대응하는지에 관한 분명한 규약이나 행동 수칙이 없다. 교사가 습관적으로 자발적으로 참여하려는 학생에게만 기회를 주기 때문에 학생들의 소극성이나 수업에 대한 불참이 암묵적으로 용인된다.

4. 안전하고 우호적인 환경	교사가 지적인 위험을 감수하고 생각에 대한 도전을 가능하게 하도록 안전하고 우호적인 분위기를 조성하고 모델을 보여준다. 부적절한 행동(예를 들어, 다른 사람을 깔보는 행동)은 단호하면서도 빈틈없이 처리한다.	교사가 학생이 안심하고 기꺼이 지적 위험을 감수할 수 있도록 도움을 주는 분위기를 모델로 보여주고 강화하는 데 실패한다. 학생이 자신이 둔하거나 무능하다는 느낌을 받을 수 있다.
5. 공간과 물적 자원 사용	핵심 질문이 대문짝만하거나 눈에 띄게 게시되고 주기적으로 언급된다. 교실 비품과 공간의 사용은 유동적이고 집중적이며 공손한 대화를 지원할 수 있도록 계획적으로 구성된다.	비품의 배열로 인해 교실 안의 사람들이 서로를 보기 힘들다. 교사와 학생 모두 집단 토론을 지원할 수 있도록 비품을 재배열하려는 조치를 취하지 않는다. 그렇기 때문에 지속적인 토론이 중단된다.
6. 교실 안팎에서의 시간 사용	시간이 명백히 핵심 질문에 대한 공식적인 탐구를 위해 소진된다. 교실 밖 과제는 질문을 중심으로 한 프로젝트 및 문제 기반의 탐구를 포함한다.	탐구와 심도 있는 토론을 위한 구체적인 시간이 할당되지 않는다. 주로 교사가 직접적이고 설교 성격의 지도를 통해서 내용 자료를 제시하는 데 수업 시간을 쓴다. 숙제는 오직 습득을 위한 검토, 연습, 혹은 독해를 겨냥하여 부과된다.
7. 텍스트와 다른 학습 자료의 사용	텍스트와 다른 지원 자료가 탐구를 증진시키기 위해 선정된다. 교사는 교과서 및 관련 자료가 핵심 질문에 대한 탐구를 추진하는 학생들의 능력을 넘어서지 않도록 한다.	교과서가 지원 자료라기보다 강의 요강으로 다루어진다. 교사가 교과서의 순서에 신경을 쓰며 수업을 해서 마치 탐구보다 진도가 중요한 것처럼 보인다.
8. 평가의 실천	총괄평가와 관련 평가표가 핵심 질문을 반영한다. 개방형 평가 과제가 호기심과 비판적인 사고를 높이 사는 한편, 전통적인 방법은 중요한 지식과 기능을 평가하는 데 사용된다.	총괄평가와 관련 평가표, 평정이 내용 지식과 기능 숙달에 초점을 맞추고 있다. 학생이 '중요한 것'은 회상과 재인이라고 재빨리 파악한다.

7장

어떻게 교실 밖에서 핵심 질문을 사용하는가

> 이해 중심 교육과정은 우리가 교사로서 제기하거나 고려하고
> 있는 진정한 문제의 정답으로 간주될 때 자연스러운
> 해결책으로서 뿌리를 내리고 이해될 수 있다.

이 책은 교사가 질문의 질을 높이고 수업 시간에 학생의 지적 참여를 보다 많이 끌어내기 위해 무엇을 해야 하는가에 중점을 맞췄다. 그러나 분명 (학교, 지역 교육청, 대학과 같이) 보다 큰 조직의 문화는 교직원과 학생의 행동에 영향을 주고 있다. 따라서 우리는 정책 입안자, 지역 및 학교 행정부, 교사 지도 자들이 배움, 가르침, 교육과정, 평가, 수반되는 학교 정책 및 구조 문제에 전문 적인 연구를 도모할 수 있도록 제도적 기풍을 형성하는 방법을 고찰하는 것으로 결론을 맺으려 한다.

1. 교직원 및 동료와 핵심 질문 사용하기

질문하는 조직 문화를 북돋울 수 있는 가장 뚜렷하고 실용적인 방법은 교 직원 및 동료 교사와 정기적으로 핵심 질문을 사용하는 것이다. 교장, 학과장, 팀 지도자들은 반복되는 핵심 질문을 중심으로 중요한 계획, 위원회 업무, 교

사/팀 회의를 조직하여 자연스럽게 '말한 것을 행동으로 증명'할 수 있다. 실제로 학문적 내용에 적용된 동일한 사고 실험은 학교 및 지역 교육청 문제에 적용된다. 목표한 계획이나 프로그램이 '정답'으로 간주된다면 그 질문은 무엇인가? 예를 들어, 만약 차별화된 수업이나 교육과정 설계가 학교나 지역 교육청 지도자에 의해 옹호된다면 어떤 문제가 해결될 것으로 예상되는가? 인지된 과제나 문제를 (보다 잘) 해결할 수 있는 또 다른 접근법이 있는가?

오랜 경험 속에서 우리는 가치 있는 학교나 지역 교육청 수준의 개혁이 뿌리를 내리지 못하거나 고사되는 것을 지켜보았다. 지도자들은 교사들이 개혁을 액면 그대로 수용할 것이라고 가정했기 때문이다. 사실상 계획을 실패하게 만든 것은 개혁에 명분을 만들지 못한 탓이다. 숙련된 교육자들이 교직원 발달 주제나 새로운 계획을 '올해 나온 새로운 것'으로 치부하거나 '이 역시 곧 지나갈 것'이라는 태도로 일관하는 것을 우리는 얼마나 많이 보아왔는가? 다시 말해 교직원이나 다른 구성원이 변화의 필요성과 그것이 업무에 미치는 영향을 이해하지 못한다면 그 변화가 수용되거나 성실하게 이행될 가능성은 무척 낮다.

이 같은 원칙은 우리 스스로의 업무에도 적용된다. 우리는 학교 지도자들에게 오로지 이해 중심 교육과정을 강제하라고 권고하지 않는다. 그보다 이해 중심 교육과정은 다음과 같은 질문의 답으로 간주되어야 한다. 학생의 수행 부족에서 가장 지속적이고 중요한 점은 무엇인가? 학생이 보다 고차원적 과업을 수행하거나 배움을 전이하는 것에 문제를 겪는 이유는 무엇인가? 우리 학생들은 어느 정도로 참여하는가? 학생들은 의미 있는 학교생활을 하고 있다고 여기는가? 이 같은 분석에 따라 어떤 계획이 제안될 수 있는가? 이해 중심 교육과정은 우리가 교사로서 제기하거나 고려하고 있는 진정한 문제의 정답으로 간주될 때 실질적으로 인지한 문제에 대한 자연스러운 해결책으로서 뿌리를 내리고 이해될 수 있다.

따라서 핵심 질문은 학교 개혁이 보다 잘 이해되고 수용되고 성실하게 이행되도록 만드는 데 결정적인 역할을 할 수 있다. 노련한 지도자라면 곧바로 실행 계획을 세우기보다는 교직원들이 다양한 계획과 관련된 해결책의 필요성을 탐구하는 데 참여할 수 있도록 핵심 질문을 제기할 수 있을 것이다. 다음은 교직원들을 공동의 연구에 동참하도록 이끌어 필요한 개혁을 이해하고 헌신하며 실제로 이행하도록 만든 핵심 질문의 예다.

학교의 임무

- 우리의 팀, 학교, 지역 교육청, 혹은 공동체는 공통된 임무를 어느 정도까지 공유하는가?
- 우리의 정책, 우선순위, 행동은 임무에 어느 정도로 부응하는가?
- 우리는 학습자를 21세기 생활에 적절하게 준비시키고 있는가?

가르침과 배움에 대한 신념

- 우리는 가르침과 배움에 대해 어떤 교육적 신념을 가지고 있는가? 이 같은 신념은 연구, 모범 사례, 우리의 경험에 의해 뒷받침되는가?
- 배움에 대한 어떤 가정이 우리의 수업과 평가를 안내하는가?
- 우리의 정책, 우선순위, 행동이 어느 정도로 이 같은 신념을 반영하는가?
- 배움에 대한 우리의 믿음은 어느 정도로 우리의 실천과 일치하는가?

성취기준

- 사람들은 어떻게 우리가 '성취기준 기반의' 학교나 지역 교육청이라는 것을 아는가?
- 우리는 업무(예: 교육과정, 평가, 수업, 전문성 개발, 교직원 평가)를 안내하는 성취기준을 이용하는 것을 어느 정도까지 '행동으로 증명'하고 있는가?

교육과정

- 우리의 교육과정은 실제로 우리의 장기 목표 및 우선순위에서부터 백워드[1]로 계획되었는가?

- 학습자의 관점에서 볼 때 우리의 교육과정은 어느 정도로 통일성이 있고 일관적인가?

- 우리의 현재 교육과정은 어느 정도로 탐구, 전이, 실제적 수행을 지원하는가?

- 우리는 어떤 내용을 '포함'해야 하고, 어떤 내용을 '포함하지 말아야' 하는가?

- 무엇 때문에 우리는 교과서를 필요로 하는가? 이유는 무엇인가? 그렇다면 그것은 어떻게 이용되어야 하는가?

평가

- 우리는 어떻게 하고 있는가? 무엇이 효과가 있고, 무엇이 효과가 없는가?

- 이러한 질문에 대답할 근거는 무엇이며, 우리는 그 근거를 가지고 있는가? 근거가 없다면 보다 신뢰할 수 있고 유효하며 수용될 만한 근거를 어디에서 찾을 수 있는가?

- 학생이 실제로 이해하고 있다는 것을 우리는 어떻게 알 수 있는가?

- 우리는 가치 있다고 여기는 모든 부분을 평가하고 있는가, 아니면 가장 쉽게 확인하고 등급을 매길 수 있는 것만 평가하는가?

- 중요하지만 우리가 평가하지 않는다는 이유로 버려지는 것은 없는가?

- 우리의 평가가 단순히 측정을 하는 데 그치지 않고 배움을 증진시킬 수

---

1 백워드 설계는 이해 중심 교육과정의 특징으로 '역방향' 설계를 뜻한다. 타일러(Tyler, 1949) 이래로 교육과정은 '목표 설정-내용 선정-내용 조직-평가'의 단계로 설계된다고 간주되어 왔으나, 백워드 설계는 평가를 강조하여 교육 내용 선정과 조직에 선행하여 교육과정을 기획하는 방식이다.

있는 방법은 무엇인가?

수업

- 우리의 수업은 어느 정도로 참여적이며 효과적인가?
- 우리의 수업은 연구와 모범 사례를 어느 정도로 반영하는가?
- 우리는 교과 '활동'에 학생을 어느 정도로 참여시키는가?
- 우리는 모든 학생을 효과적으로 아우르는가? 특히 성취도가 낮은 학생은 어떠한가?

전문성 개발

- 우리의 전문성 개발 실천은 우리의 학습 원리를 어느 정도로 반영하는가?
- 우리의 교직원은 실제로 전문성 개발을 어떻게 보고 있는가?
- 우리의 전문성 개발 실천은 어느 정도로 결과 지향적인가?
- 우리의 전문성 개발은 적절하게 차별화되어 있는가?

변화 과정

- 우리는 교육적 변화에 관해 어떤 신념을 가지고 있는가? 어느 정도로 이러한 신념이 공유되는가? 이러한 신념은 연구에 의해 어느 정도로 지지되는가?
- 다양한 계획은 (각자 떨어진 것이나 단순히 '추가된 것'이 아니라) 어느 정도로 관련성과 통일성이 있다고 간주되는가?
- 우리는 어떻게 더 '똑똑하고' 효과적으로 일할 수 있는가?

정책과 구조

- 우리의 정책, 구조, 문화는 배움에 대한 우리의 신념을 어느 정도로 반영하는가?

- 우리는 배움을 고양하기 위해서 구조를 어떻게 바꿀 수 있을까?

- 교사가 학생과 함께 있지 않을 때 어떻게 해야 시간을 가장 잘 활용할 수 있을까?

- 우리의 정책은 어떤 메시지를 전달하는가?

- 우리의 교직원 평가 과정은 어느 정도로 효과를 내고 있는가?

- 지속적인 개선의 문화란 무엇인가? 우리의 수준은 어느 정도인가?

- 어떤 요인이 이(우선순위 계획)를 지원하는가? 어떤 요인이 변화를 거부하는가?

- 우리의 교직원과 지도자는 개선이 필요한 점에 대해 어떻게 정직한 피드백을 받는가?

- 우리의 등급 평가 및 보고는 어느 정도로 분명하고 정직하고 공정하게 소통되는가?

- 자원(예: 시간, 돈, 시설, 기술)은 배움을 진전시키기 위해 최선의 방식으로 이용되고 있는가?

기타

- 여러분의 아이를 우리 학교에 다니게 하고 싶은가? 고민이 된다면 그 이유는 무엇인가?

- 학생의 관점에서 평일은 얼마나 지루한가? 이 지루함은 얼마나 불필요한가? 우리의 입장에서 이상적인 실천에 못 미치는 결과인가?

- 생각하지 않는 습관이나 관례는 더 나은 교육으로 가는 길의 어느 지점을 방해하는가?

교육 지도자들은 숙의와 (때때로 복잡한) 토의 및 토론에 교직원을 참여시키는 과정이 오랜 시간을 필요로 하며 일부 방해자가 있어 오히려 변화의 노력이 무산될 수 있다고 우려하는데, 이는 이해할 만하다. 수년에 걸쳐 우리는 "알지요, 하지만"과 같은 대답을 예측했고, 실제로 들어왔다. 이를테면, 그들의 대답은 "모두 다 좋은 소리지요. 하지만 할 일이 많아요.", "잘 모르시나 본데, 이미 머리가 터지겠어요.", "그걸 한다고 해도 평생 말만 하다 끝날 겁니다.", "먼저 끝내야 할 일이 있습니다."와 같은 것이었다.

우리는 핵심 질문을 이용하여 지적으로 성실하게 문제를 연구하는 것이 단순히 행동을 명령하는 것보다 더 오랜 시간이 걸린다는 점을 알고 있다. 물론 지도자들은 단순히 지시를 내릴 수 있으며, 단순한 지시가 필수적인 상황이 있기도 하다. 그러나 명령은 교직원의 이해와 노력을 끌어내지 못하며, 가끔은 반대 효과를 낳기도 한다. 우리는 이것이 모든 교사가 실질적으로 겪고 있는 문제와 비슷하다고 본다. 즉, 다뤄야 할 내용이 너무 많고 만약 우리가 교실에서 말로만 전달하면 훨씬 빠르게 끝낼 수 있다! 그러나 가장 유능한 교사라면 학생이 참여하지 못하고 적극적인 의미 구성을 통한 이해에 다다르지 못할 경우 그들의 배움은 오랫동안 지속되지 못하고 피상적인 것에 그칠 것임을 알고 있다. 우리는 이 상황이 교직원과 구성원들에게도 비슷하게 적용된다고 믿는다. 가치 있는 계획은 탐구 기반의 회의를 요구하며, 그래야만 모든 교직원이 제안된 계획의 방법과 이유를 이해하고 주인 의식을 가질 수 있는 것이다. 핵심 질문은 헌신적인 실행을 고무시키는 데 필요한 집중적이고 풍성한 전문적 대화로 가는 수단을 제공한다.

2. 교사학습공동체와 핵심 질문 사용하기

점점 많은 교육자가 교사학습공동체(Professional Learning Communities: PLCs)에 참여하고 있으며, 교사학습공동체는 교사에게 탐구가 핵심이 되도록 만드는 가능성을 분명하게 제시한다. 실제로 우리는 지적으로 가장 흥미롭고 효과적인 교사학습공동체의 사용 중 하나가 학생 지도에서 지속적으로 직면하게 되는 도전과 성취 부족에 대한 공동 탐구와 관련이 있다고 주장한다. 이 점과 관련하여 우리는 교사학습공동체 집단에 속한 교사와 관리자를 위해 세 가지 중요한 역할 즉, (1) 비평적 친구, (2) 학생의 성과물에 대한 분석가, (3) 실행 연구자(McTighe, 2008)에 대하여 기술한다. 다음은 이러한 역할을 해당 질문과 함께 요약한 것이다.

1) 비평적 친구

대부분의 교사는 국가, 주, 지역 수준의 성취기준에 대한 확립된 체계를 바탕으로 수업과 학습 단원을 계획한다. 그러나 교사가 개발하는 교육과정 계획은 종종 고립된 상태에서 만들어지고 관리자나(임시직 초보자가 준비한 계획은 제외) 동료에게 검토를 받는 경우가 드물다. 게다가 교사는 자신이 준비한 수업에 지나치게 밀착해 있어서 약점을 발견하기 힘든 경우가 많다. 교사학습공동체 집단은 교사에게 서로 협력하여 계획을 세울 수 있는 기회를 제공하고 서로의 단원 계획과 수업, 평가를 검토하는 비평적 친구의 역할을 수행함으로써 이와 같은 문제에 대한 해결책을 제공한다. 간단히 말하자면, 팀을 이루어 교육과정을 계획하고 도움이 되는 검토 작업을 하면 지도 효과를 높일 뿐 아니라 교사의 고립을 줄일 수 있다.

불행하게도 동료 간 반응이 일반적으로 행해지는 학교는 많지 않다. 실제로 어떤 학교는 부지불식간에 '혼자 힘으로 하라'는 풍조를 지지하고, 이 풍조는 학문적 자유를 '내가 사무실의 문을 닫고 일을 할 수 있도록 해달라'는 의미로 이해한다. 학교 문화가 협력적인 곳에서조차 교육자들은 서로의 전문적인 일에 대해 비평을 하는 것을 꺼리는 경향이 있다. 그러나 우리는 개선을 위해서는 피드백이 중요하다는 사실을 알고 있다. 정직하고 구체적이며 기술적인 동료의 반응은 초보자뿐 아니라 베테랑 교사에게까지 매우 소중하다. 그렇기 때문에 우리는 동료가 서로의 교육과정 계획에 대해 검토할 수 있도록 하는 체계화된 기회를 교사학습공동체의 공식적인 측면에 포함시킬 것을 권장한다.

당연히 동료 간 검토 과정은 동의를 바탕으로 한 규약과 일련의 검토 기준에 의해 이루어져, 그 피드백이 근거가 있으며 객관적인 기준이 되도록 해야 한다. 『단원 개발과 검토에서 진일보한 개념을 위한 이해 중심 교육과정 안내(The Understanding by Design Guide to Advanced Concepts in Creating and Reviewing Units)』(Wiggins & McTighe, 2012)는 분명한 설계 성취기준을 기반으로 하는 체계화된 동료 간 검토 과정을 설명하는 모듈을 포함한다. 이와 같은 동료 간 검토의 맥락에서 성찰적 질문이 적용될 수 있다. 다음은 단원 계획에 대한 동료 간 반응과 지침을 체계화하기 위해 사용되는 표본 질문이다.

단원 계획은 어느 정도로

- 관련 성취기준, 임무, 혹은 프로그램 목표와 일치하는가?
- 진정한 수행을 포함하는 장기적인 전이 목표를 지향하는가?
- 중요하고 전이 가능한 개념에 초점을 맞추고 있는가?
- 적절하고 열려 있으며 사고를 촉진하는 핵심 질문을 확인하는가?
- 모든 확인된 목표에 대한 타당하고 충분한 근거를 제공하는 평가를 담고 있는가?
- 전이를 요구하는 실제적인 수행 과제를 포함하는가?
- 개방형 평가를 위한 적절한 평가 기준이나 평가표를 포함하는가?

- 학습자가 확인된 단원 목표를 성취할 수 있도록 도움을 주는 학습 행사와 수업을 포함하는가?
- 모든 활동과 평가를 일관성 있게 단원 목표에 맞춰 조정하는가?

동료의 반응을 받을 뿐 아니라 자신이 비평적 동료의 역할을 하는 기회를 몇 번 얻은 교사는 위 질문을 자기 것으로 만들기 시작하고 단원 목표를 세울 때 더욱 신중해진다. 일단 안전한 교사학습공동체 환경에서 도움이 되는 피드백과 안내의 장점을 경험하면 교사는 더욱 동료 간의 비슷한 유형의 상호작용을 추구하게 될 것이다.

2) 학생의 성과물에 대한 분석가

전 세계의 교육자들은 학생의 성취 정보를 교육용 의사 결정과 학교 개선 계획을 위한 기반으로 사용할 것을 독려받고 있다. 그러나 이러한 정보는 오로지 외부(예: 주, 국가) 시험의 결과로부터 나오는 경우가 많다. 이와 같이 표준화한 평가는 분명 학생 성취도에 대한 정보를 제공하지만, 연례적인 스냅 사진촬영과 같이 시행되는 시험으로는 교실과 학교 차원에서의 지속적인 개선 행동을 충분히 상세하고 시의적절하게 알리고 보여주는 데 한계가 있다. 학교 개선을 위한 보다 강력한 접근법은 교직원이 많은 자원을 통해 신뢰할 수 있는 다양한 정보를 조사함으로써 전반적인 학생 성취도를 지속적으로 분석할 것을 요구한다. 비유적으로 말하자면, 필요한 것은 증거가 담긴 사진첩—공통 과제와 다양한 평가에서 나온 학생 과제물 모음과 기존 시험 결과—이다.

교사들이 서로 비슷한 역할을 수행하는 교사학습공동체팀(예를 들어, 학년 및 과목에 따라)에서 만나 평가에서 나온 결과를 검토할 때 그들은 개선이 필요한 부분뿐 아니라 강점의 일반적인 방식도 파악하기 시작한다. 우리는 이전에 학생의 성과물에 대한 평가 및 분석, 그리고 결과를 개선하기 위한 계획적인 조정을 안내할 수 있는 질문을 발표하였다(Wiggins & McTighe, 2007).

다음 질문을 고려하라.

- 이것은 우리가 예상한 결과인가? 그렇거나 그렇지 않다면 그 이유는 무엇인가?
- 놀라운 점이 있는가? 예외적인 점이 있는가?
- 이 성과물은 학생의 학습과 성취도에 대해 무엇을 보여주는가?
- 어떠한 형태의 강점과 약점이 분명하게 나타나는가?
- 어떠한 오개념이 드러나는가?
- '충분히 양호'(예: 수행 성취기준)는 얼마나 훌륭하다는 의미인가?
- 교사, 팀, 학교, 및 지역 교육청 차원에서 어떠한 행동이 학습과 수행을 향상시킬 것인가?

학생의 성과물을 검토하기 위해 위 질문을 정기적으로 사용함으로써 교사는 표준화한 시험 점수에 대한 집착을 버리면서 보다 폭넓은 학습 목표(이해, 전이, 사고 습관을 포함)에 초점을 맞출 수 있을 것이다. 그러한 협력적 과정의 정기적인 운용은 전문성이 강화된 결과지향적인 문화를 확립하면서 지속적인 개선을 할 수 있는 동력을 제공한다.

3) 실행 연구자

특별히 확고한 전문적인 탐구 형식이 실행 연구다. 실행 연구는 가르치고 배우는 일에 대한 지속적이고 협력적인 탐구와 관련이 있으며, 교사학습공동체 구조와 잘 맞는다. 실행 연구 과정은 팀이 학교 개선을 위해 연대하여 접근하는 문화를 구축하면서 문제를 파악하고 해결하는 힘을 갖게 한다. 이 과정은 외부 전문가가 아니라 해당 지역 교육자들이 학교의 무엇을 어떻게 개선해야 하는지를 가장 잘 알고 있다는 가정하에 작동한다. 학위를 받으려는 대학원생이나 발표를 목적으로 하는 교수진에 의해 대학에서 수행되는, (때로는) 이해하기 어려운 연구와 달리 실행 연구 과제는 현장에서 일하는 교육자로 이뤄진 팀이 시작하고 수행하며 관련된 학습 사안에 초점을 맞춘다.

근본적으로 실행 연구는 전문적인 탐구를 위한 구조화된 과정을 제공한다. 다음은 실행 연구를 위한 7단계 과정을 요약한 것이다.

1. 여러분과 여러분이 속한 팀에게 특히 흥미나 혼란을 주는 지도 혹은 학습과 관련이 있으며 핵심 질문과 연관된 쟁점이나 문제, 도전, 예외적인 사항을 파악하라. 예를 들면,

    핵심 질문: 우리 학생들은 얼마나 잘 생각을 하는가? 우리는 어떻게 그들의 비판적인 사고 기능과 습관을 향상시킬 수 있을 것인가?

    도전: 우리는 일반적으로 8학년 학생들은 비판적인 사고를 하지 않는다는 것을 목격했다. 즉, 자신이 보고 듣는 것에 의해 언제 어떻게 설득당하고 조종되는지 그들을 이해시키는 것은 어려운 일이다.

2. 일단 여러분이 쟁점을 선택했다면 보다 초점화된 탐구 질문을 만들어라.

    예: 어떻게 하면 우리는 8학년 학생들이 다양한 설득 기술을 인지하고 자신이 읽고 듣고 보는 것에 대하여 더욱 비판적인 사고를 하며, 조종당하지 않는 방법을 배울 수 있도록 도와줄 다양한 텍스트와 매체를 사용한 연속적인 학습 활동을 개발할 수 있을까?

3. 가설을 설정하라.

    예: 안내된 지도(예를 들어, 설득 기술 및 비판적 사고 규약에 관한 분석)와 더불어 다양한 텍스트와 매체를 이용하여 우리는 학생들의 비판적 사고 능력을 향상시킬 수 있다.

4. 가설이 주어지면 여러분이 수집할 관련 자료를 확인하라. 여러 개의 관

련 자원으로부터 정보를 선택하는 것(삼각측정법)[2]이 보다 타당한 추론을 가능하게 할 것이다.

예: 우리는 학생들로 하여금 종이 및 매체 자료(예를 들어, 광고, 독자 투고란, 정치 캠페인 광고 및 기타 설득하는 글)를 비판적으로 살피도록 요구하는 수행 과제를 만들고, 비판적 사고 평가표를 이용하여 그들의 반응을 판단할 것이다. 우리는 설득 기술에 대한 학생의 분석과 그들의 추론을 듣기 위해 비공식적으로 '소리내어 생각하기'를 이용할 것이다. 우리는 에니스–위어의 비판적 사고 시험(Ennis-Weir Critical Thinking Test)[3]의 한 부분을 이용하여 평가할 것이다. 우리는 학생들에게 하나 이상의 지정된 설득 기술을 이용하여 설득하는 글을 쓰라고 하고 설득에 관한 평가표를 활용하여 그들의 결과물을 평가할 것이다.

5. 정보를 수집하고 정리하며 표시하라.

6. 정보를 분석하라. 규칙을 찾아라. 결과를 해석하라. 이것은 무슨 의미인가? 결과는 우리에게 무엇을 말하고 있는가?

7. 결과를 요약하라. 학습하였다면 우리는 어떠한 행동을 취해야 할 것인가? 어떠한 새로운 질문이 나왔는가? 우리는 어떤 새로운 탐구를 수행할 것인가?

물론 여러분의 학교나 교사학습공동체에서의 모든 실행 연구 과제가 이러한 형식적인 과정을 따를 필요는 없다. 사실 우리는 [표 7-1]에 명시된 것과 같은 하나 이상의 보다 단순한 탐구로 시작할 것을 권장한다.

학교나 교사로 구성된 팀이 제안된 계획을 검토하기 위해 핵심 질문을 사

----

2 사회과학 용어로서 특정 문제를 조사하기 위하여 한 가지 이상의 방법을 사용하는 것을 일컫는다.
3 에니스(R. H. Ennis)와 위어(E. E. Weir)가 1985년에 비판적 사고 기능을 평가하기 위하여 개발한 평가 도구이다.

[표 7-1] 핵심 질문을 중심으로 실행 연구를 시작하기 위한 아이디어

학생을 그림자처럼 따라다녀라.

이 학생이 진짜로 경험한 것은 무엇인가?

무작위로 학생을 한 명 선정하고 하루 동안 그 학생을 쫓아라. 여러분은 '그 학생의 입장이 되어' 다음과 같은 질문을 생각해보라. 학교 공부가 흥미로운가? 지겨운가? 학습자가 자신이 배우고 있는 것의 목적과 타당성을 알고 있는가? 학습자는 폭넓은 개념을 탐구하고 있는가? 학습자의 학교 경험에 대해 여러분은 어떠한 인상을 받았는가? 여러분이 관찰하고 숙고한 내용을 기록하고 교수진 혹은 교사학습공동체 회의에 보고하라.

질문 전략을 관찰하라.

우리는 질문을 얼마나 잘하는가?

수업 시간에 여러분의 질문 사용 실태를 관찰하라. 사실적 회상을 요구하는 질문의 비중은 어느 정도인가? 적용을 요구하는 질문은? 평가를 요구하는 질문은? 다른 유형의 질문을 물어본 결과는 어떠한가? 내가 다양한 후속 전략, 예를 들어 기다림의 시간, 탐사적 질문, 악마의 대변자 전략을 사용할 때 무슨 일이 일어나는가? 스스로를 비디오로 촬영하거나 다른 교사의 수업을 참관하여 그들의 질문 전략을 기록하라. 그리고 여러분이 끌어낸 결과를 공유하라.

『학교라고 불리는 장소(A Place Called School)』 연구를 모방하라.

학생이 가장 참여적인 때는 언제이고 그 이유는 무엇인가?

학생이 가장 참여적이 되는 교과 과정과 그 이유, 가장 가치가 있는 교과 과정과 그 이유, 그리고 가장 도전적인 교과 과정과 그렇지 않은 교과 과정 등에 관한 굿래드의 우수한 연구(J. Goodlad, 1984)를 따르라. 여러분의 발견을 다른 동료와 공유하라.

여러분의 졸업생을 조사하라.

우리의 졸업생은 준비가 되어 있는가?

최근 고등학교 졸업생과 접촉하라. 졸업생에게 그들이 받은 K-12 교육이 미래 교육과 직업 세계에 대해 어느 정도로 준비시키는지 설명하라고 하라. 어떠한 면에서 그들은 잘 준비가 되어 있는가? 학교가 어떠한 면에서 그들을 더욱 잘 준비시킬 수 있었을까? 조사 결과를 교사와 관리자들에게 보여주고 토론하라.

현재의 학생을 조사하라.

학생은 학교나 수업의 핵심을 얼마나 잘 이해하고 있는가?

학생이 목표나 우선순위를 이해하고 있는가? 여러분이 학생에게 다음과 같은 질문을 묻는다면 그들은 무엇이라고 말할 것인가? 여러분은 지금 하고 있는 일을 왜 하고 있나요? 어제 수업은 오늘 수업과 얼마나 관련이 있나요? 여러분은 내일 무엇을 할 것인지 예측할 수 있나요? 이번 단원에서 여러분의 장기적인 목표는 무엇인가요? 여러분이 공부한 것은 어떻게 평가될까요? 여러분의 결과를 다른 교사의 것과 비교하고 시사점에 대해 토론하라.

성적 평정과 성적표에 대해 검토하라.

성적 평정과 성적표가 우리의 (모든) 목표와 어느 정도까지 일치하는가?

학생과 부모를 상대로 현재의 성적 평정과 성적표에 대해 조사하라. 그들은 점수와 성적표가 어느 정도로 납득할 만하다고 생각하는가? 교사 간에 일관성에 있는가? 공정한가? 학생의 성취도와 발전 정도, 공부 습관을 정확하게 알리고 있는가? 여러분의 결과를 엮은 후 보고하고 현재의 실천이 시사하는 바에 대해 토론하라.

용하고, 동료 간 비평적 검토를 하며, 팀 별로 학생의 성과물을 검토하고, 실행연구를 수행할 때, 그들은 비로소 말한 바를 행동으로 증명하게 된다. 이것이 진정한 전문성의 특징이다.

[표 7-1]의 다양한 제안에서 알 수 있듯이 핵심 질문을 이용하여 학교 내 교사 간의 대화를 끌어내는 계획적인 시도를 함으로써 전반적인 학교 문화를 상당히 개선할 수 있다. 게다가 핵심 질문 실행에 대한 이전의 장에서 우리가 말했던 권장 내용은 분명 교사 간의 상호작용과 일맥상통한다. 예를 들어, [표 6-5]에 제시된 요인에 대한 요약은 체계적인 질문 문화를 확립하는 데 적용될 수 있다.

3. 결론

우리는 여러분이 겸허하지만 단호해질 것을 제안한다. 핵심 질문을, 보다 일반적으로는 탐구의 초점을 교실과 학교생활에 완전히 스며들게 하기 위해서는 규범과 행동의 상당한 변화가 요구될 수 있다. 우리가 이 책 전반에 걸쳐 언급했듯이 자고로 전통적인 역할, 교직원의 고립, 우선순위가 없는 교육과정, 진도 맞추기 중심의 수업(및 학생들의 소극성), 시험 대비에 대한 압박, 등급 매기기 관행이 우선시되어온 세계에서는 필요한 조건이 자연적으로 발생하지 않기 때문에 확신에 찬 교실 및 조직 문화 형성이 있어야 한다. 다행히 탐구 문화의 가능성을 더 높이기 위해 수립할 수 있는 기대, 구조, 교육이 있다. 그렇기 때문에 교육자가 목적과 통찰력을 가지고 끈기 있게 유익하지 않은 전통을 파악하고 탐구를 지원하는 체제로 이를 대체할 때 탐구하는 문화는 생성된다.

참고문헌

Adler, M. J. (1982). *The Paideia proposal: An educational manifesto.* New York: Macmillan.

Adler, M. J. (1983). *How to speak how to listen.* New York: Collier-Macmillan.

ASCD. (2012). Understanding by design: An introduction. [PD Online course]. Alexandria, VA: Author.

Bateman, W. (1990). *Open to question: The art of teaching and learning by inquiry.* San Francisco: Jossey-Bass.

Bergmann, J., & Sams, A. (2012, April 15). How the flipped classroom is radically transforming learning [blog post]. Retrieved from http://www.thedailyriff. com/articles/how-the-flipped-classroom-is-radicallytransforming-learning-536. php

Boydston, J. A. (2008). *The middle works, 1899–1924/John Dewey.* Carbondale, IL: Southern Illinois University, p. 162.

Bruner, J. (1960). *Process of education: A landmark in educational theory.* Cambridge, MA: Harvard University Press.

Bruner, J. (1965). The growth of mind. *American Psychologist, 20*(17), 1007 – 1017.

Caplan, J. (2006, October 2). Google's chief looks ahead. *Time.* Retrieved from http:// www.time.com/time/business/article/0,8599,1541446,00.html

Common Core State Standards Initiative. (2001). *Common Core State Standards.* Washington, DC: Council of Chief State School Officers.

Fawcett, H. (1938). The nature of proof: A description and evaluation of certain procedures used in a senior high school to develop an understanding of the nature of proof. *Tenth Yearbook of the National Council of Teachers of Mathematics* (Ch. 4). New York: Teachers College, Columbia University.

Goodlad, J. (1984). *A place called school: Prospects for the future.* New York: McGraw-Hill.

Hattie, J. (2009). *Visible learning: A synthesis of over 800 meta-analyses relating to achievement.* New York: Routledge.

Isaacson, W. (2012, April). The real leadership lessons of Steve Jobs. *Harvard Business Review, 90*(4), 92 – 102.

Israel, E. (2002). Examining multiple perspectives in literature. In J. Holden & J. Schmit (Eds.), *Inquiry and the literary text: Constructing discussions in the English classroom*. Urbana, IL: National Council of Teachers of English.

Krupa, M., Selman, R., & Jaquette, D. (1985). The development of science explanations in children and adolescents: A structural approach. In S. Chipman, J. Segal, & R. Glaser (Eds.), *Thinking and learning skills—Vol. 2: Research and open questions*. Hillsdale, NJ: Lawrence Erlbaum Associates.

Lemov, D. (2010). *Teach like a champion: 49 techniques that put students on the path to college*. San Francisco: Wiley.

Loewen, J. (1996). *Lies my teacher told me: Everything your American history textbook got wrong*. New York: Touchstone.

Lyman, F. (1981). The responsive classroom discussion: The inclusion of all students. In A. S. Anderson (Ed.), *Mainstreaming digest* (pp. 109 – 113). College Park, MD: University of Maryland.

Marzano, R., Pickering, D., & Pollock, J. (2001). *Classroom instruction that works: Research-based strategies for increasing student achievement*. Alexandria, VA: ASCD.

Mazur, E. (1997). *Peer instruction: A user's manual*. Upper Saddle River, NJ: Prentice Hall.

McTighe, J. (2008). Making the most of professional learning communities. *The Learning Principal, 3*(8), 1, 4 – 7.

McTighe, J., & Wiggins, G. (2004). *The Understanding by Design professional development workbook*. Alexandria, VA: ASCD.

Miller, A. (2012, February 24). Five best practices for the flipped classroom [blog post]. Retrieved from http://www.edutopia.org/blog/flipped-classroom-best-practices-andrew-miller

National Art Education Association. (1994). *National standards for arts education*. Reston, VA: Author.

National Association for Sport and Physical Education (2004). *Moving into the future: National standards for physical education* (2nd ed.). Reston, VA: Author.

Newmann, F. (1991). Promoting higher-order thinking in the teaching of social studies:

Overview of a study of 16 high school departments. *Theory and Research in Social Education, 19*(4), 22 – 27.

Newmann, F. M. (1988, March 15). *The curriculum of thoughtful classes.* Paper presented at the annual meeting of the American Educational Research Association. New Orleans, LA.

Next Generation Science Standards. (2012). Retrieved from http://www.nextgenscience.org/

Pagliaro. M. (2011). *Exemplary classroom questioning: Practices to promote thinking and learning.* Lanham, MD: Rowman and Littlefield Education.

Palincsar, A. S., & Brown, A. L. (1984). Reciprocal teaching of comprehension-fostering and comprehensionmonitoring activities. *Cognition and Instruction 1*(2), 117 – 175.

Pearson, P. D., & Gallagher, M. C. (1983). The instruction of reading comprehension. *Contemporary Educational Psychology, 8,* 317 – 344.

Polya, G. (1957). *How to solve it* (2nd ed.). Princeton, NJ: Princeton University Press.

Raphael, T. E. (1986). Teaching question-answer relationships, revisited. *The Reading Teacher, 39,* 516 – 522.

Roberts, T., & Billings, L. (1999). *The Paideia classroom: Teaching for understanding.* Larchmont, NY: Eye on Education.

Rothstein, D., & Santana, L. (2011). *Make just one change: Teach students to ask their own questions.* Cambridge, MA: Harvard Education Press.

Rowe, M. (1974). Relation of wait-time and rewards to the development of language, logic and fate control. Part one: Wait-time. *Journal of Research in Science Teaching, 11*(2), 81 – 94.

Stevenson, H., & Stigler, J. (1992). *The learning gap: Why our schools are failing and what we can learn from Japanese and Chinese education.* New York: Touchstone.

Tobin, K., & Capie, W. (1980). The effects of teacher wait time and questioning quality on middle school science achievement. *Journal of Research in Science Teaching, 17,* 469 – 475.

Tobin, K. G. (1984, April). *Improving the quality of teacher and student discourse in middle school grades.* Paper presented at the annual meeting of the American Educational Research Association, New Orleans, LA.

Tomlinson, C., & McTighe, J. (2006). *Differentiated instruction and Understanding by Design: Connecting content and kids.* Alexandria, VA: ASCD.

U.S. Department of Health, Education, and Welfare. (1976). *The American Revolution: Selections from secondary school history books of other nations* (HEW Publication No. OE 76-19124). Washington, DC: U.S. Government Printing Office.

Wiggins, G., & McTighe, J. (2005). *Understanding by Design* (Expanded 2nd ed.). Alexandria, VA: ASCD.

Wiggins, G., & McTighe, J. (2007). *Schooling by design.* Alexandria, VA: ASCD.

Wiggins, G., & McTighe, J. (2011). *The Understanding by Design guide to creating high-quality units.* Alexandria, VA: ASCD.

Wiggins, G., & McTighe, J. (2012). *The Understanding by Design guide to advanced concepts in creating and reviewing units.* Alexandria, VA: ASCD.

Wiliam, D. (2007, December – 2008, January). Changing classroom practice. *Educational Leadership, 65*(4), 36 – 42.

부록: 주석이 달린 참고문헌

Adler, M. J. (1982). *The Paideia proposal: An educational manifesto*. New York: Macmillan.

아들러는 내용을 가르치는 수업, 토론을 통한 의미 촉진, 기능 지도로 구분되는 세 가지 유형의 교육에 대해 설명한다. 이후 토론식 수업을 상세하게 검토한다.

Ball, W. H., & Brewer, P. (2000). *Socratic seminars in the block*. Larchmont, NY: Eye on Education.

볼과 브루어의 책은 이용 가능한 추가 시간과 관련하여 블록타임제(block scheduling)의 장점을 언급하고, 연장된 수업 시간 내에서 이루어지는 소크라테스식 문답 수업의 사용을 탐구한다.

Bateman, W. L. (1990). *Open to Question: The art of teaching and learning by inquiry*. San Francisco: Jossey-Bass.

베이트먼은 효과적인 질문을 중심으로 보다 효율적으로 고안된 탐구 기반의 수업이 직접교수법보다 학생의 호기심과 참여를 촉진한다고 주장한다.

Copeland, M. (2005). *Socratic circles: Fostering critical and creative thinking in middle and high school*. Portland, ME: Stenhouse.

코프랜드는 소크라테스식 문답 수업이 독해력과 학급 토론, 비판적인 사고를 향상시킬 수 있다고 주장한다. 그리고 그는 소크라테스식 문답 수업을 교실 환경에 성공적으로 융화시키기 위한 조언과 전략을 제공한다.

Daniels, H., & Steineke, N. (2004). *Mini-lessons for literature circles*. Portsmouth, NH: Heinemann.

이 책의 5장은 교실 안 질문의 역할에 초점을 맞추고 있다. 이 장은 교육자와 학생 모두를 위하여 힘이 있는 질문뿐 아니라 그렇지 않은 질문은 어떠한지에 대한 명확한 정의를 제시한다. 대니얼과 슈타이네케는 탐구와 토론과 후속 질문의 실행이 학생의 수행을 향상시킨다고 주장한다.

Dantonio, M., & Beisenherz, P. C. (2001). *Learning to question, questioning to learn: Developing effective teacher questioning practices*. Boston: Allyn and Bacon.

이 연구는 교실 안에서 이루어지는 질문을 개선하기 위한 이론적이고 실질적인 조언을 제공하면서 '교사를 위한 생산적인 질문 실습 개발'에 초점을 맞추고 있다.

DeZure, D. (1996, September). Asking and answering questions. *Whys and Ways of Teaching, 7*(1), 1-10.

디주르의 논문은 성공적인 질문을 결정하는 요인(예: '블룸의 분류학에 따라 우리가 묻는 질문의 유형', '질문의 사회문화적 측면' 등)을 탐구하고 교실에서 사용하는 질문 방법을 평가하고 개선할 수 있는 조언을 제공한다.

Dillon, J. T. (1988). *Questioning and teaching: A manual of practice*. New York: Teachers College Press.

딜런의 포괄적인 분석은 교실에서 이루어지는 질문의 역할과 효과를 교사와 학생 모두의 입장에서 고려하기 위해 당시의 모든 이용 가능한 연구로부터 도출된 것이다.

Dillon, J. T. (2009). The questions of curriculum. *Journal of Curriculum Studies, 41*(3), 343-359.

딜런은 질문의 역할이 교실에서 학생과 교사 간 관계로 한정되지 않을 뿐만 아니라 교육과정의 계획과 수업 내용 표현을 위해 필요한 요소라고 말한다. 그의 연구는 효과적인 교육과정 안에 포함되어야 하는 질문의 세 가지 순서를 탐구한다.

Finkel, D. L. (2000). *Teaching with your mouth shut*. Portsmouth, NH: Boynton/Cook.

이 책, 구체적으로 4장에 제시된 탐구 기반의 지도 모형은 교실에서 교사와 질문의 역할에 대해 논의한다.

Gall, M. (1984, November). Synthesis of research on teachers' questioning. *Educational Leadership, 42*(3), 40-47.

갈은 고차원적인 인지 질문이 사실에 입각한 질문보다 학습에 보다 나은 영향을 끼친다고 주장한다. 그녀는 또한 교사와 학생이 모두 질문을 던지는 수업이 효과적인 수업이라고 제안한다.

Hannel, G. I. (2003). *Highly effective questioning: Developing the seven steps of critical thinking*. Phoenix, AZ: Author.

한넬은 편집위원회의 지원을 받아 교사가 질문의 목적을 학생 평가에서 학생 참여로 전환할 수 있도록 하는 질문 방법론을 제안한다.

McComas, W. F., & Abraham, L. (2004, October). *Asking more effective question*. Los Angeles. USC Center for Excellence in Teaching, University of Southern California.

맥코마스와 에이브러햄은 수업 시간 질문의 효과를 향상시키기 위해 질문 유형에 대한 분류학—고차원과 저차원 질문(예: 그것을 물음으로써 성취하고자 하는 목표는 무엇인가?), 수렴적 질문과 확산적 질문—을 만들었다. 그들은 교육자는 우선 특정 질문(예: 그것을 물음으로써 성취하고자 하는 목표는 무엇인가?)을 왜 던지는지에 대해 스스로에게 물어야 하고 자신의 목표를 기반으로 질문 유형을 선택해야 한다고 주장한다.

Morgan, N., & Saxton, J. (2006). *Asking better questions* (2nd ed.). Markham, Ontario, Canada: Pembroke.

모르간과 색스톤의 책은 질문과 교실에서 가능한 시나리오를 분류함으로써 질문의 주제를 분석한다. 그들은 질문에 대한 보다 복잡한 관점이 질문을 적절하고 더욱 효과적으로 사용되도록 해줄 것이라고 주장한다.

Raphael, T. E., Highfield, K., & Au, K. H. (2006). *QAR Now: A powerful and practical framework that develops comprehension and higher-level thinking in all students*. New York: Scholastic.

이 글은 수업 시간의 질문과 학생의 독해력 사이의 관계를 탐구하면서 긍정적인 관계와 보다 효율적으로 질문을 수업 시간에 융화시키는 실질적인 방법을 제시한다.

Tienken, C. H., Goldberg, S., & DiRocco, D. (2009, Fall). Questioning the questions. *Kappa Delta Pi record, 46*(1), 39−43.

이 글은 생산적인 질문을 정의하고 질문 관련 문헌의 짧은 역사를 제시하며, 교실에서의 생산적인 질문과 그것의 의도된 필연적 결과와 학생의 개입과 참여를 개선하는 전략을 제안한다.

Walsh, J. A., & Sattes, B. D. (2011). *Thinking through quality questioning: Deepening student engagement*. Thousand Oaks, CA: Corwin.

윌시와 사테스는 질문을 위한 틀을 제시하고 지도 방법에 변화를 주는 수많은 실질적인 전략을 제시하며 효과적인 질문이 교실에 가져올 수 있는 변화를 추적한다.

Wilen, W. W. (Ed.). (1987). *Questions, questioning techniques, and effective teaching*. Washington, DC: NEA Professional Library.
이 책은 여러 저자들이 쓴 아홉 개의 장을 엮은 것으로서 질문 기술 및 적극적인 학습과 수동적인 학습 사이의 관계를 탐구한다.

Wilkinson, I. (2009). Questioning. *Education.com*. The Gale Group. Retrieved from http://www.education.com/reference/article/questioning/
윌킨슨은 현재 수준의 질문 연구를 간략하게 요약하여 제시한다. 그는 질문을 고차원과 저차원, 역할, 경향 측면에서 탐구하되, "고립된 사건으로서의 질문에서 보다 넓은 공간적 시간적 맥락 안에 내재된 질문"으로 초점을 옮기고, 교사가 만들어내는 질문에서 학생이 만들어내는 질문으로 전환한다.

찾아보기

*f는 표를 의미함.

저자 소개

제이 맥타이(Jay McTighe)는 교육 분야에서 풍부하고 다양한 경력을 쌓으면서 생긴 수많은 경험을 제공한다. 그는 주 전체 지역 교육청이 협력하여 형성적 수행 평가를 개발하고 공유하는 연구 단체인 메릴랜드 평가 컨소시엄(Maryland Assessment Consortium)의 책임자다. 이전에는 메릴랜드 주 교육부의 학교 개선 사업에 참여했으며, 이때 그는 수업 관련 멀티미디어 데이터베이스인 지도 체계(Instructional Framework)의 개발을 총괄하였다. 맥타이는 학생의 사고 수준을 향상시키기 위한 지도 전략, 교육과정 모형, 평가 절차를 개발하기 위해 주 전체의 협력적 노력을 이끌면서 사고 기능을 연구한 것으로 잘 알려져 있다. 주 차원에서의 연구 이외에 맥타이는 메릴랜드의 프린스 조지 카운티에서 담임교사와 자료 전문가, 프로그램 책임자로서 지역 교육청 차원의 경험을 쌓았다. 그는 또한 우수하고 영재성 있는 학생들을 위해 주의 거주시설 개선 프로그램을 총괄하였다.

맥타이는 그랜트 위긴스와 작업하여 출간해 베스트셀러가 된 『이해 중심 교육과정(Understanding by Design)』 시리즈를 포함하여 책 10권을 공동 집필한 기량이 뛰어난 저자이기도 하다. 그는 30개가 넘는 논문과 책의 장을 썼으며, *Educational Leadership*(미국 교육과정개발 및 장학협회 발간)과 *The Developer*(미 전국 교육연수협회 발간)를 포함한 주요 학술지에 논문을 실었다.

맥타이는 전문가 개발과 관련하여 광범위한 배경을 가지고 있으며 전국, 주, 지역 차원의 회의나 워크숍에서 정기적으로 발표를 하였다. 그는 미국 47개 주와 캐나다 7개 지방, 5대륙의 기타 18개국에서 프레젠테이션을 가졌다.

그는 윌리엄 & 메리 칼리지와 메릴랜드 대학교에서 각각 학사학위와 석사학위를 취득했으며, 존스 홉킨스 대학교에서 대학원 과정을 마쳤다. 그는 워싱턴 DC의 교육 리더십 연구소(Institute for Educational Leadership)를 통해 교육 정책 장학 프로그램에 참여하는 데에 선정되었다. 그리고 국가, 주, 지역 차원의 평가 정책과 실천에서 개혁을 지지하는 교육 단체와 시민 단체의 연합체인 전국 평가 포럼(National Assessment Forum)의 일원으로 활동하였다.

연락처: Jay McTighe, 6581 River Run, Columbia, MD 21044-6066 USA

이메일: jmctigh@aol.com

 그랜트 위긴스(Grant Wiggins)는 뉴저지 주의 호프웰에 있는 참교육회(Authentic Education) 회장을 역임했다. 그는 하버드 대학교와 아나폴리스의 세인트 존 칼리지에서 각각 교육학 박사학위와 문학 학사학위를 받았다. 위긴스와 그의 동료들은 다양한 개혁적인 사안에 대하여 학교, 지역, 주 및 국가 차원의 교육부서와 협의를 했다. 또한 회의와 워크숍을 조직하여 핵심적인 학교 개혁 쟁점 사안에 대한 인쇄 자료 및 웹 자료를 개발했다.

위긴스는 제이 맥타이와 함께 『이해 중심 교육과정』과 『거꾸로 생각하는 교육과정 개발(Schooling by Design)』의 공동 저자로서 가장 잘 알려져 있다. 『이해 중심 교육과정』은 전 세계에서 사용되는 교육과정 설계에 관한 성공적인 수상(受賞) 프로그램이자 자료이다. 그는 또한 이해 중심 교육과정이 적용된 12개가 넘는 교과서 프로그램을 개발하는 피어슨 출판사(Pearson Publishing)의 공동 집필자였다. 퓨 자선 재단(Pew Charitable Trusts)과 제럴딘 R. 다지 재단(Geraldine R. Dodge Foundation), 국립 과학 재단(National Science Foundation)이 그의 연구를 후원했다.

25년 동안 위긴스는 전 세계의 영향력 있는 교육 개혁을 주도해왔다. 테드 시저(Ted Sizer)의 핵심적인 학교 연합(Coalition of Essential Schools), 국제 바칼로레아 프로그램(International Baccalaureate Program), 대학선이수 프로그램(Advanced Placement Program), 뉴저지와 뉴욕, 델라웨어에서의 주 차원의 개혁, 그리고 중국과 필리핀, 태국에서의 국가 차원의 개혁이 이에 포함된다.

그는 평가 개혁에 관한 연구로도 널리 알려져 있다. 『교육 평가(Education Assessment)』와 『학생 수행 평가하기(Assessing Student Performance)』의 저자이며, 두 책은 모두 조세이-바스(Jossey-Bass)에서 출판되었다. 그는 버몬트의 포트폴리오 프로젝트와 뉴저지와 노스캐롤라이나의 성취도 평가 연합과 같이 주 차원에서 추진하는 수많은 평가 개혁 계획의 주요 자문위원이었다.

*Educational Leadership*과 *Phi Delta Kappan*을 포함한 여러 학술지에 그의 논문이 실렸는데, 이것은 14년 동안 쌓은 중학교에서의 교사 생활과 지도 경험에 기초하고 있다. 위긴스는 영어와 철학 선택 과목을 가르쳤으며, 학교 대표팀을 대상으로 축구와 크로스컨트리를 지도했을 뿐 아니라 주니어 대표팀을 대상으로 야구와 육상을 지도했다. 그는 또한 록밴드인 하즈빈스(Hazbins)에서 연주를 했다.